BULLETIN

DE

L'ASSOCIATION LITTÉRAIRE & ARTISTIQUE

INTERNATIONALE

Fondée sous la Présidence d'honneur de VICTOR HUGO

SIÈGE SOCIAL et AGENCE : 17, rue du Faubourg-Montmartre, PARIS

DEUXIÈME SÉRIE. — N° 24 — SEPTEMBRE 1893

15ᵉ CONGRÈS INTERNATIONAL - BARCELONE 1893

Membres protecteurs

S. M. LE ROI DES BELGES	M. LE PRÉSIDENT DE LA RÉPUBLIQUE FRANÇAISE
S. M. LE ROI D'ITALIE	S. A. R. LE PRINCE DE GALLES

Présidents perpétuels

MM. WILLIAM BOUGUEREAU	MM. LADISLAS MICKIEWICZ
L. CHODZKIEWICZ	NUNEZ DE ARCE
NUMA DROZ	LOUIS RATISBONNE
FRED. BÆTZMANN	GIOVANNI VISCONTI-VENOSTA
JULES OPPERT	PIERRE ZACCONE

Secrétaire perpétuel
M. JULES LERMINA

BUREAU DE LA SESSION 1893-1894
Présidents
MM. EUGÈNE POUILLET, ADOLFO CALZADO, HENRI MOREL, ROBERT SCHWEICHEL

Vice-Présidents
MM. MAX NORDAU, GIUSEPPE GIACOSA, ACHILLE HERMANT, ARMAND OCAMPO, GEORGES MAILLARD, FRANS GITTENS

Secrétaires généraux
MM. ALCIDE DARRAS, CHARLES ÉBELING

Secrétaires
MM. ALEX. DJUVARA, GRENET-DANCOURT, A. VAUNOIS, AUG. FERRARI, P. VACWERMANS, HENRI LOBEL, GUSTAV DIERCKS, GEORGES FLEURY, LUCIEN LAYUS, G. HARMAND

Trésorier
M. J. KUGELMANN

Agent général
M. JEAN LOBEL

SOCIÉTÉS AFFILIÉES

France ..	Société des Auteurs dramatiques.
	Société des Auteurs, Compositeurs et Éditeurs de musique.
	Société centrale des Architectes français.
	Caisse de défense mutuelle des Architectes.
	Société des Artistes indépendants.
Espagne.	Société des Écrivains et Artistes espagnols (Madrid).
Suisse ...	Institut national genevois (section des Beaux-Arts).
Hongrie.	Société des Littérateurs de Buda-Pesth.

ASSOCIATION LITTÉRAIRE ET ARTISTIQUE

INTERNATIONALE

(15ᵉ session)

Siège social : 17, rue du Faubourg-Montmartre, PARIS

CONGRÈS DE 1893

RAPPORT

Sur un projet d'unification de la durée du droit de propriété attaché aux œuvres de l'esprit

Par M. Armand OCAMPO

Lorsque nous présentions au Congrès de Neuchâtel, en septembre 1891, notre premier projet de législation en matière de contrat d'édition, nous disions que l'Association, étant internationale, se devait de rechercher en toute matière les principes les plus simples et d'une nature telle qu'ils pussent être admis par presque toutes les nations civilisées ; c'est la même préoccupation qui nous guidera en présentant à Barcelone une question aussi délicate, mais d'une solution peut-être plus prochaine, et d'un intérêt peut-être plus général ; nous voulons parler de l'unification de la durée du droit de propriété attaché aux œuvres de l'esprit.

Qu'on nous permette dès l'abord de rappeler que cette durée comprend le plus souvent la vie de l'auteur et une certaine période après sa mort, période variant de cinq ans (Chili) à quatre-vingts ans (Colombie et Espagne), en passant par tous les termes énumérés dans le tableau suivant :

Durée de la protection des œuvres de l'esprit après la mort de l'auteur

Chili.	5 ans (1).	Luxembourg.	30 ans.	Monaco.	50 ans.
Brésil.	10 — (2).	Suisse.	30 —	Norwège.	50 —
Roumanie.	10 —	Belgique.	50 —	Portugal.	50 —
Haïti.	10 ou 20 — (3).	Bolivie.	50 —	Russie.	50 —
Pérou.	20 —	Équateur.	50 —	Suède.	50 —
Allemagne.	30 —	Finlande.	50 —	Tunisie.	50 —
Autriche.	30 — (4).	France.	50 —	Colombie.	80 —
Danemark.	80 —	Hongrie.	50 —	Espagne.	80 —

La simple constatation de la diversité de ces délais suffit pour justifier le désir d'une Association qui, après avoir créé l'Union de Berne, voudrait que tous les pays faisant partie de cette Union adoptassent un système général et uniforme qui rendrait plus aisée l'application des règles édictées, d'un commun accord, par leurs plénipotentiaires respectifs.

Remarquons en effet que, pour ces pays, la durée fixée par la loi de celui d'entre eux où l'œuvre est publiée pour la première fois, devient la durée pendant laquelle cette œuvre sera protégée dans tous les autres, indépendamment de la nationalité véritable de l'œuvre et, bien entendu, de l'auteur lui-même.

On prévoit aussitôt quelle source de difficultés cette disposition renferme en soi : contentons-nous de noter qu'elle est illogique, avec le système actuel, puisqu'elle prend pour point de départ l'individualité, non de l'auteur, mais de l'œuvre elle-même, et demandons-nous plutôt, pour entrer au vif de notre sujet, quelle peut être l'origine de cette diversité; examen qui nous mènera tout naturellement à l'étude des moyens qui se présenteront à nous de la faire disparaître.

Cette origine n'est pas douteuse : elle a son fondement dans la nature toute particulière du droit de propriété intellectuelle, ou plutôt dans l'idée qu'on se fait communément de cette nature.

On a coutume de répéter que la propriété intellectuelle est une propriété « sui generis » et qu'en conséquence il lui faut appliquer des règles spéciales ; les jurisconsultes qui se piquent de linguistique vont plus loin, et, avec une certaine logique, se refusent à accorder le nom de propriété à l'ensemble des droits qui découlent de la création intellectuelle : ils déclarent ne pouvoir employer que les termes de « droits d'auteur », « protection des droits d'auteur », etc. ; les jurisconsultes allemands s'en tiennent en particulier à cette terminologie, voulant bien affirmer par elle que, dans leur esprit, l'idée de protection

---

(1) Pouvant être prolongés jusqu'à dix ans par décision particulière du gouvernement.

(2) Si toutefois l'auteur laisse des héritiers.

(3) La veuve pendant toute sa vie, les enfants pendant vingt ans, les autres héritiers pendant dix ans. (C'est le système de la protection sociale dans toute sa perfection : c'était celui de la loi française de 1810, dont la République d'Haïti s'est inspirée.)

(4) Après l'année du décès qui n'est pas comptée.

s'attache au producteur de l'œuvre, et demeure une dérogation admise seulement en vue de lui assurer une rémunération viagère ou momentanée de son travail.

A ce point de vue, on le comprend de reste, la durée de cette protection, que la Société fait l'insigne faveur d'accorder aux créateurs, est essentiellement variable, et ne peut avoir aucune base d'évaluation fixe, non seulement parmi les diverses nations, mais même dans l'une de ces nations prise à part.

Nous verrons plus loin que la loi philosophique qui régit cette variabilité dans un même pays est une tendance incessante vers l'accroissement.

A notre avis, c'est de cette conception d'une protection à accorder à l'auteur qu'est venu tout le mal, aggravé encore par cette autre idée, au moins aussi étrange, que l'humanité doit pouvoir profiter un jour des œuvres de chacun de ses membres, sans devoir aucune rétribution à sa descendance, communisme assez unique et qui ne manque point d'imprévu !

Ces idées, dont les esprits les plus distingués de ce temps ont de la peine à se défaire, enchaînés qu'ils sont par les lois latentes de l'atavisme moral, sont certainement celles qui empêcheront pendant longtemps encore nos vœux d'avoir leur complète satisfaction.

Quoi qu'il en soit, pouvons-nous concevoir l'espérance de mettre toutes les nations d'accord à l'aide du système qui est actuellement en vigueur ?

Ce fut un des souhaits que la conférence réunie à Berne en 1884 avait ajoutés au projet de convention, ce fut un de ceux que les plénipotentiaires crurent inutile de répéter l'année suivante, tant ils avaient trouvé d'irréductibles différences entre leurs diverses législations.

A y bien songer, ils ne pouvaient arriver à une autre solution : pourquoi choisir en effet tel ou tel délai, lorsqu'il s'agit de délais arbitraires ? Pourquoi ne protéger que la première génération, ou protéger aussi la seconde, ou pousser jusqu'à la troisième ? Théoriquement, si l'on admet que le créateur a un simple droit de protection, il doit être seul à jouir de ce droit, puisqu'il est seul à lui avoir donné naissance ; ou bien alors il faut protéger toute sa descendance avec lui : il n'y a pas de moyen terme qui ne soit de fantaisie et ne provienne, non de la raison pure, mais d'un certain sentiment assez arbitraire lui-même. Car si l'on prétend que l'auteur peut laisser des enfants en bas âge auxquels l'Humanité doit aussi sa protection, on répondra que cet auteur peut également parvenir à la vieillesse la plus avancée et étendre ainsi cette protection sociale jusqu'à la quatrième génération, ce qui présente à l'esprit un caractère d'injustice évident.

Cette inégalité, choquante pour les âmes délicates, est le plus grand obstacle à l'unification que nous préconisons.

Comment décider un État qui protège les héritiers dix ans après la mort de l'auteur, à les protéger tout d'un coup pendant cinquante ou quatre-vingts ans ? Comment d'un autre côté décider l'Espagne à revenir à un délai de cinquante ans et à priver ainsi la descendance de ses auteurs de trente années obtenues par leurs revendications ? A vouloir étendre tout le monde sur ce lit de Procuste, on risque d'ébranler l'œuvre même de la convention de Berne.

Et le Congrès de Madrid, tenu en 1887, l'avait bien compris, car, s'étant déclaré partisan du système existant, malgré les protestations d'une petite minorité à laquelle le rapporteur actuel avait l'honneur d'appartenir, il s'était vu contraint, par la force de cette loi de l'accroissement que nous avons déjà signalée, à proposer l'adoption du terme de quatre-vingts ans accordé par la plus libérale des lois à durée limitée. Or ce terme de quatre-vingts ans est bien un terme de fantaisie, et nous ne croyons pas nous avancer beaucoup en prétendant que la France, pour ne citer qu'un exemple, ne l'adopterait point sans proposer de l'étendre à une durée unitaire de cent ans.

Mais l'opinion la plus curieuse qui se soit manifestée à ce sujet a été émise à ce même Congrès. Certains esprits, très circonscrits par les nécessités du moment, voulaient qu'on adoptât le délai de cinquante ans lorsque l'auteur aurait atteint l'âge de soixante ans ; au cas contraire, ce délai serait augmenté d'autant d'années qu'il s'en écoulerait entre l'âge de la mort de l'auteur et cet âge de soixante ans ; il serait ainsi variable à l'infini. Sincèrement, ces esprits prétendaient corriger de la sorte les incertitudes de la vie humaine. Que d'ingéniosité et quelle paternelle prévoyance !

Lorsque de si irréconciliables différences se heurtent dans un système, il y a tout lieu de penser que le fondement même de ce système est défectueux : et c'est justement l'opinion à laquelle nous voudrions voir le Congrès se ranger.

Pour nous, nous faisons philosophiquement une toute autre idée de la propriété des œuvres de l'esprit que celle qui ressort des données précédentes.

Nous ne comprenons point qu'elle puisse avoir quelque rapport avec nos maladies, les accidents que nous pouvons courir, ou les chances que nous avons de les éviter ; nous ne comprenons pas que la durée des droits qui s'attachent à une œuvre d'art dépende du plus ou moins d'à-propos dans le diagnostic et les soins d'un médecin, et il nous répugne, à nous les artistes, les créateurs, qu'on nous protège, nous et les nôtres, uniquement selon l'arrivée prochaine ou tardive de notre mort ; nos œuvres ne sont pas des polices d'assurances sur la vie. Il y a là quelque chose de contraire à la pure idée de propriété que nous concevons en cette matière.

Nous ne pouvons comprendre non plus qu'une œuvre parue la veille de la mort de son auteur soit protégée pendant cinquante ans, tandis qu'une autre œuvre du même auteur, parue dans sa jeunesse, aura eu quarante années, par exemple, de protection viagère, auxquelles il faudra ajouter les cinquante années de la protection « post mortem », ce qui produira une durée totale de quatre-vingt-dix ans.

L'unification, selon nous, ne peut venir que d'une révolution complète dans la manière de comprendre la propriété des œuvres intellectuelles.

À notre avis, et comme nous l'avancions déjà en 1887, en matière de propriété des ouvrages de l'esprit, *les droits doivent s'attacher non à l'homme, mais à l'œuvre.*

Toute la révolution et toutes ses conséquences tiennent dans cette courte phrase.

Au point de vue philosophique d'abord, il faut bien reconnaître qu'une œuvre d'art est un tout parfait en soi et qui n'a aucune attache réelle avec son auteur. Elle tient de lui, elle ne tient pas à lui. Qu'on retrouve un tableau ancien sans nom d'auteur, il existe, il a son individualité et il produira tout son effet indépendamment de la connaissance de cet auteur.

Nous dirons par à peu près, et pour ne faire cette comparaison qu'en passant, que l'œuvre est la fille, que l'auteur est le père, et qu'on n'a pas besoin de connaître le père pour avoir la notion complète de l'existence propre de la fille. Or, ce que nous voulons, c'est attribuer à la fille ce qui appartient à la fille, et ne plus nous préoccuper autrement du père que pour savoir si elle est encore en son pouvoir, ou s'il ne l'a pas cédée à autrui ; dans ce dernier cas, nous aurons affaire au mari, mais la fille ne continuera pas moins à nous intéresser par elle-même et indépendamment de celui dans la puissance duquel elle a passé.

En général, lorsque l'œuvre est cédée, celui que nous pouvons assimiler au mari, c'est l'éditeur, et il est piquant de remarquer alors que, d'après la terminologie applicable au système actuel, nombre d'éditeurs jouissent de « droits d'*auteur* » sur des œuvres dont ils étaient incapables d'écrire la première ligne.

Que le droit s'attache au contraire à l'œuvre même, et le cessionnaire jouira bien alors d'une véritable propriété, dont il ne peut pas plus abuser, d'ailleurs, que le mari ne peut infliger de mauvais traitements à la fille dont nous parlions, sous prétexte qu'elle n'est plus au pouvoir de son père.

Nous n'avons pas à entrer une fois de plus dans cette confusion qu'on peut faire entre le droit moral et le droit matériel, si soigneusement évitée et par conséquent expliquée dans notre projet de loi en matière de contrat d'édition.

Il nous suffit de rechercher quelles seraient les conséquences de l'adoption de notre manière de voir.

Au point de vue de la simplification d'abord, qu'obtiendrait-on ? — Ceci : Une œuvre, venant au monde, sera protégée à partir de ce jour pendant tant d'années ; que nous importe dès lors que l'auteur meure jeune ou vieux, qu'il ait pris femme ou non (certaines législations accordent une durée de faveur à la veuve), que son œuvre tombe plus tôt ou plus tard dans le domaine public (ce qui importe infiniment aux cessionnaires, puisque la durée peut être d'autant plus grande que l'auteur meurt plus âgé) ; aucune de ces considérations ne peut nous toucher : l'œuvre a paru à telle date, le public est prévenu.

Au point de vue de l'unification, un sensible avantage également : les nations admettront mieux l'idée d'une révolution complète à laquelle elles se soumettraient toutes ensemble, que celle d'une suite de concessions mutuelles sur lesquelles les plénipotentiaires de 1885 se sont déjà nettement prononcés.

Nous ajoutons que, pour notre part, nous préférons la révolution à l'évolution ; avec l'évolution, il faudra un siècle peut-être pour parvenir à l'unification ; la révolution au contraire est une évolution à sa plus haute puissance, et nous ne voyons pas pourquoi, pouvant tenter le plus, nous nous contenterions du moins, qui serait tout aussi difficile à obtenir.

D'ailleurs, qu'on ne s'y trompe pas, nous entendons bien accomplir

*

une réforme double en proposant notre système : car c'est la manière même de considérer la propriété intellectuelle qui sera modifiée de fond en comble.

Nous l'avons déjà dit, mais il n'est pas mauvais de le répéter : il nous déplaît, à nous auteurs, d'être traités en gens auxquels la Société doit une protection viagère qu'elle daigne étendre à nos enfants, il nous déplaît d'être indirectement des pensionnés de cette Société. Le Grand Roi pouvait donner sur sa cassette une annuité à Racine ; mais le respect de la propriété intellectuelle n'existait pas encore, et nos idées ont bien changé avec nos mœurs !

Quand je crée une œuvre, il faut l'affirmer encore, cette œuvre est une entité par elle-même, elle a son existence propre, et elle va de par le monde, comme vont toutes les existences, avec des chances de succès ou d'insuccès, mais avec des chances qu'elle porte en soi, et qui sont indépendantes de moi ! Eh bien, cette entité doit être protégée comme est protégé tout ce qui existe ici-bas, et protégée par ce fait même de son existence, et non point pour que moi, qui l'ai créée, je ne meure pas de faim. Je ne veux pas d'une aumône déguisée, je veux un droit.

Quand nous aurons bien fait admettre que l'œuvre a droit à ce droit, peu nous importera, pour notre part, quel sera le délai de protection qui lui sera assigné dans une conférence internationale : la loi de l'accroissement nous répond par avance pour l'avenir.

Le moment est venu, cependant, d'examiner quel sera le délai que nous croirons devoir proposer nous-même pour pouvoir formuler un vœu quelque peu pratique sur un sujet qui semble encore si téméraire à beaucoup d'entre nous.

Si nous cherchons quelques précédents à notre étude, nous trouvons certaines dispositions intéressantes dans plusieurs lois étrangères ; mais elles ne sont pas aussi simples que nous les imaginons nous-même.

La *Grande-Bretagne* protège les héritiers pendant sept ans après la mort de l'auteur, mais accorde un minimum de quarante-deux ans à partir de la première publication de l'œuvre ; si donc l'auteur a joui de la protection pendant moins de trente-cinq ans, le nombre de sept ans s'accroît au profit des héritiers jusqu'au nombre total de quarante-deux.

Le *Japon* s'est inspiré de cette législation : il protège les héritiers pendant cinq ans, avec minimum de trente-cinq ans à partir du mois de l'inscription ou enregistrement de l'œuvre ; si l'auteur a joui de la protection pendant moins de trente ans, le nombre 5 s'augmente de ce qui manque pour parfaire les trente-cinq années de la protection.

Ces pays forment une première catégorie ; en voici une autre :

L'*Italie* protège l'auteur et ses héritiers pendant quarante ans à partir de la première publication ; puis, pendant quarante autres années, elle fait tomber l'œuvre dans le domaine public avec obligation pour celui-ci de payer 5 % du prix fort à l'auteur ou à ses héritiers.

Cette disposition est curieuse en ce qu'elle ménage une époque de transition entre celle de la rétribution sociale et celle du communisme ou domaine public.

Elle a trouvé tout dernièrement quelques défenseurs en France (1) ; mais elle est, comme les précédentes, une inutile complication avec laquelle nos tendances à l'unité et à la simplicité ne sauraient s'accorder.

Les *Etats-Unis* protègent l'œuvre pendant vingt-huit ans à partir de l'enregistrement, avec faculté pour l'auteur ou ses héritiers d'obtenir quatorze autres années supplémentaires par un nouvel enregistrement à l'expiration des vingt-huit premières.

Vient enfin une troisième catégorie de nations, vers lesquelles iraient plus volontiers nos préférences, au point de vue du principe tout au moins.

Ce sont là la *Grèce*, qui protège l'œuvre pendant quinze ans à dater de la première publication ; *Hawaï*, qui la protège pendant vingt ans ; la *Turquie*, pendant quarante ans ; et enfin les *Pays-Bas* et la *République Sud-Africaine*, pendant cinquante ans à partir de la date portée sur le certificat de dépôt.

En dehors des législations existantes, nous trouvons parmi les vœux du Congrès *Artistique* réuni à Paris en 1878 un « desideratum » semblable à celui que nous émettrons provisoirement ; ce même souhait est formulé par certaines sociétés littéraires en France ; et il nous est doux de constater que c'est un membre de la minorité de la commission de 1887 qui, six ans après, doit rédiger le présent rapport dans le sens suivi par cette minorité, devenue aujourd'hui la majorité, tant sont instables les opinions des hommes, et inutiles les retardements qu'ils peuvent apporter à leur marche incessante vers la vérité absolue des choses.

Le délai que nous proposerons sera un délai que nous considérerons personnellement comme un délai provisoire, mais que le Congrès sera libre d'adopter définitivement s'il entend limiter ses aspirations.

Qu'on nous permette de parler d'abord en notre nom personnel ; nous parlerons ensuite au nom de l'Association. En séparant ainsi les deux opinions que nous allons exposer, nous entendons bien montrer que nous faisons partie intégrante de l'Association, que nous sommes *son* rapporteur, et que nous présenterons son avis en dernier ressort, quelque regret que nous puissions éprouver de ne pas sembler aussi catégorique dans nos résolutions que nous eussions désiré l'être.

Le système nouveau étant admis, il ne reste plus qu'à se demander en effet si la protection de l'œuvre doit être limitée à un certain nombre d'années, ou si, cette limite étant étendue à l'infini, elle ne doit pas être perpétuelle, comme l'ont édicté déjà trois législations nouvelles, celle du Guatemala, du Mexique et du Venezuela, et comme le comporte le projet d'une nouvelle loi allemande adopté par le Congrès de Munich et soumis au Reichstag, concurremment avec le projet de la Bourse des libraires de Leipsig.

Personnellement, nous croyons pouvoir rappeler que nous avons déjà fait réserver au Congrès de Madrid la question de la perpétuité et que nous avons été assez heureux pour obtenir un vote presque inespéré en ce sens. Et, tout de suite, nous avouons que notre opinion n'a point changé.

---

(1) V. une brochure de M. Edouard Mack sur la *Durée du Droit d'auteur* (juillet 1893).

Certes nous savons que l'idée de la perpétuité n'est pas de nature à être comprise pour le moment par la plupart des peuples à législation traditionnelle, ni par la plupart des esprits qu'influence l'atavisme moral ; il y aura toujours une certaine difficulté pour ces esprits à penser que la publication du Panégyrique d'Isocrate, des tragédies d'Euripide, des papyrus égyptiens, du Megha-douta indien, ou des livres de morale chinois devrait être astreinte au paiement d'un droit, si minime fût-il.

Nous ne croyons pas pourtant qu'il faille rire de cette idée : par cela seul qu'elle est une idée, il la faut examiner auparavant, et, si nous l'examinons, nous ne trouverons peut-être point déraisonnable que ces œuvres constituant un patrimoine national enrichissent à jamais la nation qui leur a donné le jour. C'est un principe naturel que rien ne se perde dans la création, et, à bien serrer cette réflexion, on ne voit pas trop pourquoi les œuvres grecques ne profiteraient pas à la nation grecque, devenue, d'après les lois générales, propriétaire de l'œuvre, après la mort de tous ceux qui auraient pu avoir des droits sur elle. Cette considération ne sera point pour déplaire en un temps où, par un singulier mouvement de réaction, les principes étroits de nationalité et de protectionnisme semblent revenir dans le goût public.

Observons cependant cette loi philosophique de l'accroissement que nous avons signalée au début de cette étude : nous allons constater de près une tendance qui semble décisive dans les progrès de l'esprit humain.

Prenons la législation française elle-même. Son histoire, à ce point de vue, est particulièrement instructive.

Qu'y trouvons-nous en effet ? L'idéal d'abord, comme il arrive souvent : le Conseil du Roi, au milieu du xviiie siècle, déclare que les œuvres de La Fontaine appartiennent à ses petites-filles *à titre d'hérédité*. A titre d'hérédité ! Quelle législation a jamais été aussi grandement et absolument équitable ? — Le 20 mars 1777, les héritiers de Fénelon bénéficient d'un arrêt tout semblable ; puis d'autres se succèdent, et l'on n'était pas éloigné d'établir le principe de l'hérédité une fois pour toutes (témoin la lettre dans laquelle Louis XVI recommande cette question à ses ministres), lorsque survient la Révolution qui réalise enfin le vœu du Roi, mais malheureusement dans un esprit différent, avec le souci de la masse au détriment de celui de l'élite intellectuelle. Le xviiie siècle avait adopté le principe de l'hérédité pure et simple, les lois de 1791 et 1793, avec une arrière-pensée de communisme futur, admettaient le principe de l'aumône temporaire. Et c'est de là qu'est venu tout le mal, toutes les autres législations s'étant successivement inspirées des principes français, et ayant adopté les délais en vigueur en France au moment où elles étaient établies.

Car, examinons-le à son tour, ce droit à l'aumône ; nous allons être tout à fait édifiés.

Loi du 19 janvier 1791 : Art. 5. Les héritiers ou les concessionnaires des auteurs seront propriétaires de leurs ouvrages durant l'espace de *cinq* années après la mort de l'auteur.

Loi du 19 juillet 1793 : Art. 2. Leurs héritiers ou cessionnaires jouiront du même droit durant l'espace de *dix* ans après la mort des auteurs.

Décret du 5 février 1810 : Art. 39. Le droit de propriété est garanti à
l'auteur et à sa veuve pendant leur vie si les conventions matrimoniales
de celle-ci lui en donnent le droit, et à leurs enfants pendant *vingt* ans.

Loi du 8 avril 1854 : La durée de la jouissance accordée aux enfants
est portée à *trente* ans.

Loi du 27 juin-14 juillet 1866 : La durée des droits accordée par les
lois antérieures aux héritiers, successeurs réguliers ou légataires des
auteurs, compositeurs ou artistes, est portée à *cinquante* ans, à partir
du décès de l'auteur.

Quel enseignement ! — cinq, dix, vingt, trente, cinquante ans de protection en l'espace de soixante-quinze années ! Continuons l'énumération ; nous arrivons à la Colombie et à l'Espagne, quatre-vingts ans, et
au Mexique, au Guatemala, au Venezuela, au nouveau projet allemand,
la perpétuité.

La perpétuité, c'est bien en effet le terme dernier de l'accroissement,
le but lointain vers lequel tend la force latente du principe.

L'Espagne, ne l'oublions pas, a tenté elle-même ce suprême effort,
et ce sera son éternel honneur d'avoir été la première à vouloir s'affran-
chir de toutes les entraves héréditaires ; mais elle a dû s'en tenir provisoirement au terme actuel de quatre-vingts ans, et au vieux système
de la rétribution, se montrant libérale encore dans sa timidité dernière (1).

Nous ne croyons pas avoir à démontrer combien, au point de vue
pratique, ce système simplifierait les choses ; il emporte en effet du
coup toutes les difficultés de toute nature, puisque l'on n'aurait plus à
se préoccuper, s'il était adopté, de savoir si une œuvre est protégée ou
non, jusques à quand elle l'est, si elle l'est autant dans un pays voisin,
si les formalités nécessaires à sa protection ont été remplies, et autres
complications se rattachant encore au système de l'aumône réglementée;
il n'y aurait à connaître que le nom du propriétaire comme il en va de
toute propriété ici-bas ; simplification tellement remarquable qu'elle
semblerait devoir convaincre, par elle-même, les esprits les plus pré-
venus.

Mais nous ne nous dissimulons pas, encore une fois, que cette idée de
la perpétuité est loin d'être mûre partout, et, tout en regrettant de ne pas
trouver autour de nous les courages à la hauteur de la pure conception
que nous devrions tous avoir de la propriété des œuvres de l'esprit,
tout en demandant au Congrès d'affirmer ses sympathies pour cette,

---

(1) L'exposé des motifs qui accompagne les dispositions du nouveau projet allemand contient au sujet de la perpétuité les lignes suivantes : « Quant à la durée de
la propriété intellectuelle, nous ne reculons pas devant la conséquence de notre
définition : nous admettons la *durée illimitée*. Les raisons qu'on a voulu objecter
contre la perpétuité de la propriété intellectuelle sont les mêmes que celles qu'on
a opposées au droit même, et que les adversaires des droits d'auteur lui opposent
encore aujourd'hui. En admettant une limite, on reconnaît que ces objections sont
fondées, et qu'à un moment donné elles sont d'une importance assez considérable
pour détruire les droits de l'auteur. Quand donc le moment est-il venu où les raisons sur lesquelles s'appuie la propriété intellectuelle n'auront plus de valeur, ni
plus de force pour la soutenir ? Aussi longtemps qu'on limitera sa durée, la propriété intellectuelle restera vague et exposée à l'objection qu'elle n'est au fond
« qu'une grâce fondée en justice ». (A. Osterrieth. Projet d'une nouvelle loi allemande sur les droits d'auteur, 1893).

idée s'il n'a pas la hardiesse de la recommander, nous présenterons, à défaut de la perfection, ce que, d'accord avec l'Association, nous estimons le plus utile provisoirement aux intérêts des créateurs intellectuels.

Au point où nous sommes parvenus, il ne s'agit plus que de choisir un délai fixe pendant lequel l'œuvre elle-même sera protégée : pour ce délai, nous proposerons l'unité de temps, le *siècle* ; les sociétés qui ont eu à s'occuper de notre question se sont d'ailleurs prononcées déjà dans le même sens. Nous avouons tout de suite, pour qu'on ne nous fasse aucune objection de ce chef, que ce délai ne vaut guère mieux que celui de quatre-vingt-dix ou de cent-vingt ans ; il n'a à nos yeux qu'un mérite : une œuvre publiée le 23 juin 1893 sera protégée jusqu'au 23 juin 1993, simplification de nature à être adoptée par tous les peuples qui ont cette même unité de temps. Nous reconnaissons aussi que ce délai de cent ans pourra être défavorable à beaucoup d'auteurs actuels ; ne parlons point des auteurs du Guatemala, du Mexique, du Venezuela et peut-être bientôt des auteurs allemands : faibles mortels, nous ne pouvons nous comparer aux dieux ! Mais les auteurs colombiens et les auteurs espagnols seront certainement lésés, puisque notre délai ne leur laisse plus que vingt années de protection viagère. Les auteurs français seront lésés pour leurs œuvres de jeunesse lorsqu'ils parviendront à une vieillesse avancée ; les héritiers du fondateur de notre Association, Victor Hugo, auraient perdu à notre innovation ; mais aussitôt que nous arrivons à un délai de protection moindre de cinquante ans après la mort, l'avantage de notre système apparaît ; et d'un autre côté les œuvres de l'âge mur, et à plus forte raison celles de la vieillesse, sont également avantagées, ce qui contrebalance favorablement les inconvénients atteignant les œuvres de jeunesse. La vraie perte serait donc supportée par les seuls héritiers des auteurs colombiens et espagnols. Qu'ils acceptent tous nos regrets et qu'ils songent que nous nous efforçons d'accorder ensemble des lois qui ne protègent les héritiers que pendant cinq, dix ou vingt ans avec des lois qui se sont montrées tellement généreuses que la perpétuité seule pouvait en accroître les effets ; nous sollicitons leur indulgence pour la modestie obligée de nos prétentions actuelles, et leur appui pour la réalisation de nos vœux.

Une objection bien autrement grave sera faite au nouveau système : elle se rapportera à la date de naissance de l'œuvre.

La mort de l'auteur, cela est toujours connu, dira-t-on, mais la date de la première publication de l'œuvre, cela pourra demeurer souvent incertain.

C'est la question de l'enregistrement des œuvres intellectuelles qui se présentera sous cette forme, et nous devons l'aborder aussitôt.

Nous avons vu que plusieurs lois nationales protègent l'œuvre à partir de la date de son enregistrement, et que cet enregistrement est obligatoire.

Allons-nous adopter cette manière de procéder ? — L'embarras doit être grand pour l'Association. Elle a toujours et énergiquement repoussé toute entrave de ce genre, et, un peu grâce à elle, la loi belge l'a écartée.

Il répugne en effet à tout auteur, à tout artiste de faire enregistrer ses œuvres, et la plupart du temps il négligera ce soin, ce qui fera naître de nombreuses irrégularités.

D'un autre côté, il est certain que sans enregistrement il n'y a pas de date de naissance absolument certaine pour nombre d'œuvres ; et voilà encore une abondante source de discussions pour l'avenir.

C'est là l'inconvénient de tout système de protection temporaire, et, quoi que nous fassions, nous ne croyons pas que nous puissions nous y soustraire. Certes les jurisconsultes pourront défendre l'enregistrement obligatoire ; mais ils sont des jurisconsultes et non des artistes, et toutes les lois du monde ne changeront point les organisations naturelles.

Notre conclusion se devine : si nous devons exprimer un avis personnel, nous n'approuvons pas l'idée d'un recul sur les généreuses manifestations antérieures de l'Association. Les auteurs qui créeront une date de publication certaine à leurs œuvres feront bien, mais nous ne saurions admettre en aucune façon qu'une formalité quelconque soit nécessaire pour l'établissement de leurs droits.

Naissent plutôt des difficultés dans quatre-vingt-quinze ans que d'obliger le plus indépendant des êtres à un enregistrement quel qu'il soit.

« Les abus inévitables sont des lois de la nature », et ces lois sont autrement puissantes que les textes élaborés par quelques hommes réunis autour d'une table recouverte d'un tapis vert.

Néanmoins, l'idée de l'établissement de l'acte de naissance de l'œuvre intellectuelle paraît faire son chemin : elle est assez logique d'ailleurs, et nous pouvons la recommander à la condition que nous ne rendions pas cet acte obligatoire ; les héritiers de l'auteur subiront les conséquences du défaut de déclaration, mais les droits attachés à l'œuvre ne seront point contestables pour cette seule cause.

Ajoutons que si d'un côté la date de la mort de l'auteur peut être inconnue (absence, naufrage, etc.), d'un autre côté la date de naissance de l'œuvre est beaucoup plus facile à établir qu'on ne croirait au premier abord.

Certes, jadis elle pouvait être incertaine, ignorée même, bien que nous connaissions l'année de l'apparition de presque tous les ouvrages qui ont quelque valeur, les seuls dignes d'être reproduits cent ans après leur publication ; mais aujourd'hui, avec la multiplicité des renseignements, avec les dépôts aux bibliothèques, les annonces et les articles de la presse quotidienne ou périodique, les bulletins des sociétés de tout genre, les catalogues d'œuvres d'art, il est bien difficile de ne pas retrouver, le moment venu, la date de la naissance d'une œuvre qui aura eu assez d'éclat pour subir l'épreuve d'un siècle d'existence !

D'ailleurs, la preuve de cette naissance pourra toujours se faire par tous les moyens d'investigation possibles, et, comme ce sera le public qui, en somme, sera intéressé à la plus prochaine expiration de la durée de protection, ce sera à lui de prouver que telle œuvre a paru avant le temps indiqué par les héritiers de l'auteur.

En fait, les contestations seront très rares, et nous nous passerions volontiers, pour notre part, de toute écriture publique.

Mais, au point de vue des jurisconsultes et des esprits qui aiment

les formalités, il faut bien reconnaître que, pour éviter tout conflit ultérieur, le système de l'enregistrement est un peu la conséquence de celui
de la protection temporaire.

C'est ce qui explique le vœu du Congrès de Milan relatif à l'établissement, au bureau de Berne, d'un répertoire général de tous les ouvrages
de l'esprit, véritable registre de l'état civil de ces œuvres dont les
extraits feraient foi en justice.

Les avantages d'un tel répertoire seraient évidemment précieux, et nous
voudrions que chaque nation en eût le double, pour ce qui la concernerait ; mais encore une fois nous désirerions voir écarter par le Congrès l'idée que toute mesure de ce genre devrait être rendue obligatoire.

Nos sympathies étant ainsi bien et toujours affirmées dans le sens de
la plus entière liberté comme dans celui de la non-limitation de la durée
des droits attachés à l'œuvre, nous n'avons plus qu'à formuler les vœux
qui résumeront ce rapide exposé.

Ces vœux sont les suivants :

1er Vœu : *Le Congrès littéraire et artistique international de Barcelone émet le vœu que la durée du droit de propriété en matière
d'œuvres intellectuelles soit uniforme dans tous les pays.*

2e Vœu : *Il émet le vœu que cette protection s'attache non plus à la
personne de l'auteur et à celle de ses héritiers à titre de rémunération, mais à l'œuvre même qui fait l'objet de cette protection comme
un droit inhérent à l'existence de cette œuvre.*

3e Vœu : *Il émet le vœu que cette durée, si elle doit être limitée, soit
du terme fixe de cent ans à dater de la première publication de
l'œuvre.*

4e Vœu : *Il émet le vœu, corrélatif au précédent, que les nations
adoptent l'emploi du système de l'enregistrement des œuvres intellectuelles comme moyen de leur donner une date de naissance certaine
sans qu'elles fassent toutefois dépendre en quoi que ce soit les droits
de propriété eux-mêmes de cet enregistrement.*

5e Vœu : *Il émet le vœu que dans un avenir prochain le terme
provisoire de cent années soit étendu jusqu'à la perpétuité.*

Ce dernier vœu n'est que la répétition de celui que nous avons été
heureux de voir voter à Madrid et qui était ainsi formulé : « Le principe de la perpétuité du droit d'auteur est réservé. » C'est cette réserve
que nous désirerions faire accentuer dans cette même Espagne où elle
a déjà été si nettement énoncée.

Quel que soit son sort, le Congrès de Barcelone s'en sera du moins
occupé, et si, dans ce mouvement vers l'idéale perfection, nous n'avons
pas la joie d'être tout de suite et hardiment suivis, nous aurons du
moins l'honneur d'avoir résolument planté le drapeau en avant.

Armand OCAMPO.

TOURS. — IMP. E. ARRAULT ET Cⁱᵉ, 6, RUE DE LA PRÉFECTURE.

ASSOCIATION LITTÉRAIRE ET ARTISTIQUE

INTERNATIONALE

(15° session)

Siège social : 17, rue du Faubourg-Montmartre, PARIS

CONGRÈS DE 1893

PROJET

D'une nouvelle loi allemande sur les droits d'auteur (1)

Déjà depuis longtemps, les auteurs, les libraires et le monde·juridique de l'Allemagne étaient d'accord pour reconnaître que les lois allemandes sur les droits d'auteur, actuellement en vigueur (2), ne répondaient aucunement aux principes modernes qui, bien que découlant de théories assez divergentes, sont reconnus en général par les auteurs allemands et étrangers. Il est notamment à remarquer que les dispositions de la Convention de Berne — encore bien modestes — établissent une protection plus large que les lois de l'Empire, de sorte qu'à différents points de vue les étrangers jouissent en Allemagne d'une protection plus étendue que les auteurs allemands eux-mêmes. Ce sont ces considérations qui ont décidé les écrivains et journalistes allemands réunis au congrès de Dresde à aborder la question d'une révision des lois existantes. Ce congrès nomma, dans sa séance du 9 octobre 1892, une commission qui fut chargée d'élaborer un projet d'une nouvelle loi sur les droits d'auteur. Cette commission était composée des membres

---

(1) A MM. Jules Oppert, président perpétuel de l'Association littéraire.et artistique internationale, et Alcide Darras, secrétaire général de l'Association littéraire et artistique internationale, hommage respectueux et reconnaissant.
(2) Loi du 11 juin 1870. Loi du 9 ·anvier 1876 et loi du 10 janvier 1876.

suivants : Flodoard von Biedermann, Martin Hildebrandt, Wolfgang Kirchbach, Joseph Kürschner, Hugo von Kupfer, Robert Kulka, Franz Matthes, Albert Osterrieth, Philipp Pfahler ; elle termina ses travaux au mois d'avril 1893.

Le projet dont le texte fut arrêté dans la réunion du 16 avril 1893 sera soumis au vote du congrès prochain qui aura lieu à Munich du 7 au 10 juillet.

C'est ce projet que nous communiquons aux membres de l'association littéraire et artistique internationale avec une note explicative par laquelle nous avons voulu indiquer sommairement les considérations qui ont présidé à l'élaboration du projet.

Qu'il nous soit encore permis de nous acquitter de notre dette de vive reconnaissance envers M. Darras qui a bien voulu reviser le texte de la traduction du projet ; sans son gracieux concours, nous aurions peut-être reculé devant les difficultés de faire cette publication en langue française.

Projet d'une loi
concernant les droits intellectuels

ARTICLE PREMIER. — Le droit d'auteur comprend la protection de l'auteur dans ses rapports directs avec son œuvre et la propriété intellectuelle.

ART. 2. — Est considérée comme une œuvre intellectuelle, dans le sens de la présente loi, toute production de la pensée qui forme un tout et qui a reçu une expression extérieure.

De même un fragment d'un ouvrage sera considéré comme une œuvre, si, pris en lui-même, il forme un tout.

Des modifications et transformations d'un ouvrage ne sont considérées comme des œuvres intellectuelles qu'en dehors des rapports avec l'œuvre originale, à moins toutefois qu'elles n'aient donné naissance à une œuvre originale.

ART. 3. — Tout auteur est protégé, d'après les dispositions de cette loi, contre les entreprises illicites dont son ouvrage est l'objet.

ART. 4. — Seront considérées comme des entreprises illicites contre une œuvre les faits suivants, lorsqu'ils seront accomplis sans le consentement de l'auteur :

1º La publication d'un ouvrage non publié ;

2º Le fait d'avoir donné à une publication une étendue plus large ou le changement du mode d'une publication ;

3º Tout changement apporté à la forme d'un ouvrage.

ART. 5. — Lorsqu'il n'y aura pas de réserve spéciale, le consentement de l'auteur sera présumé avoir été donné pour la réimpression d'articles politiques de journaux et pour la publication de discours politiques, faite dans des journaux, et pour la reproduction d'un fragment d'un ouvrage dans un autre ouvrage ayant un but particulier, scientifique ou pédagogique.

ART. 6. — La reproduction des discours prononcés dans les assemblées politiques ou communales, ainsi que celle des actes émanant des autorités publiques, est libre.

ART. 7. — L'auteur d'un ouvrage, ses successeurs et ses ayants cause ont la propriété intellectuelle de cet ouvrage.

La propriété intellectuelle est le droit de disposer librement et exclusivement d'un ouvrage au point de vue de son exploitation.

ART. 8. — La propriété intellectuelle est susceptible de division, dans la mesure où les différents modes d'exploitation peuvent exister indépendamment les uns des autres.

ART. 9. — La propriété intellectuelle est transmissible, en totalité ou en partie, entre vifs ou par voie de succession.

De même la propriété intellectuelle peut être l'objet d'un usufruit ou d'un gage.

ART. 10. — Seront considérées comme atteintes portées à la propriété intellectuelle toutes entreprises illicites sur une œuvre qui ont pour but de l'exploiter, ou qui préjudicient à l'exploitation par le titulaire du droit, ou qui portent atteinte à sa valeur.

ART. 11. — Le propriétaire d'une œuvre qui, pendant 30 ans, n'aurait point exercé sa propriété intellectuelle, sera censé l'avoir abandonnée. Cette présomption peut être invalidée, à une époque quelconque, par une déclaration publique du propriétaire de l'œuvre, mais sans que celle-ci puisse porter atteinte aux droits acquis dans l'intervalle par un tiers. La propriété littéraire peut être acquise par voie de prescription lorsqu'on a exercé effectivement ce droit pendant 30 ans.

ART. 12. — Lorsque les contrats ont pour objet la transmission ou l'exploitation d'une œuvre, ou ont pour objet de la grever de certains droits, il faut tenir compte des principes suivants, faute de dispositions spéciales des contractants :

1° Pendant la vie de l'auteur, le droit d'exploiter une œuvre, résultant d'un contrat, ne peut être exercé que dans la mesure où l'auteur y a donné son consentement (art. 3-6 du projet) ;

2° Après la mort de l'auteur, tout tiers peut disposer de l'œuvre, pourvu qu'il ne porte pas atteinte à la propriété intellectuelle.

ART. 13. — Quiconque aura, à l'égard d'une œuvre, contrevenu aux dispositions des articles 3-6 de la présente loi, sera puni d'une amende, pouvant s'élever à 15.000 marks, ou d'un emprisonnement pouvant s'élever à six mois.

La poursuite n'est exercée qu'à la suite d'une plainte de l'auteur.

Art. 14. — Si l'auteur le demande, celui qui s'est rendu coupable d'un délit prévu à l'article précédent peut être condamné à une composition, payable à l'auteur et dont le montant sera fixé par le tribunal.

Art. 15. — Lorsque l'auteur lésé le demande, le tribunal peut ordonner, dans l'arrêt de condamnation, que cet arrêt sera publié suivant les dispositions de l'art. 200 du Code pénal.

Art. 16. — Quiconque, dans l'intention de se procurer, à lui ou à un autre, un profit illicite, porte atteinte à la propriété intellectuelle d'autrui, sera puni d'un emprisonnement.

La tentative sera punie.

Art. 17. — Les dispositions de la présente loi sont aussi applicables aux ouvrages des auteurs étrangers.

Art. 18. — Dans le cas d'un conflit de la présente loi avec les prescriptions d'une loi étrangère, les dispositions correspondantes de la convention de Berne seront applicables, comme si elles faisaient partie de la présente loi.

Dispositions transitoires

Art. 19. — Les dispositions pénales de la présente loi n'ont pas d'effet rétroactif.

Art. 20. — Les exemplaires fabriqués avant la promulgation de la présente loi et qui, d'après celle-ci, seraient considérés comme illicites, pourront, lorsqu'ils auront été munis d'un timbre avant son entrée en vigueur, être vendus, même après cette époque, à moins que le propriétaire de l'œuvre ne préfère les acheter, en remboursant le prix de leur fabrication.

Art. 21. — L'accroissement de la propriété intellectuelle profite au propriétaire de l'œuvre. On déterminera d'après les contrats existants celui qui sera considéré comme propriétaire de l'œuvre.

I. — La première question qui se posait était la suivante :
Quelle sera la position de la nouvelle loi vis-à-vis de la législation actuellement en vigueur ?
Il nous a paru impossible de nous rattacher soit à la loi allemande, soit à une autre loi existante. Nous nous sommes plutôt inspirés des

principes que nous trouvons appliqués de fait pendant le xvı^e et le xvıı^e
siècle.

En effet, il y a une différence entre la pratique antérieure au
xvııı^e siècle et les principes des lois modernes, qu'il est assez curieux
de se représenter.

En France, en Allemagne et en Angleterre, nous trouvons le même
phénomène : aussi longtemps que l'on ne s'occupa point de la théorie
des droits d'auteur, on les appliqua plus largement que plus tard, où
l'on essaya d'établir un système. La protection fut accordée — les
exceptions sont trop rares pour être contraires à notre affirmation —
en faveur de ceux dont les intérêts paraissaient principalement — ou
plutôt uniquement — lésés par la contrefaçon — c'est-à-dire aux
libraires-éditeurs. — Et cette protection s'effectua de manière qu'on
assimilait les droits des éditeurs à la propriété ordinaire. Mais, cette
protection se cachant sous la forme de privilèges professionnels, on par-
vint à la confondre avec ceux-ci. C'est ce qu'on a pu constater pour
l'Angleterre, pour l'Allemagne et pour la France.

En *Angleterre*, la *stationer's company* exerçait la surveillance sur
toutes les publications. Elle s'en servait pour se défendre, non seulement contre la contrefaçon, mais aussi contre les atteintes portées à
ses monopoles que la reine Mary et la reine Elisabeth lui avaient con-
férés, que la république avait maintenus et qui furent confirmés par
le *licensing act* de 1662. Vers la fin du xvıı^e siècle, un mouvement se
produisit contre la *stationer's company* qui abusait de ses monopoles.
Le parlement abolit le *licensing act* pour détruire les monopoles de la
compagnie ; mais il la rendit en même temps incapable de procéder
contre la contrefaçon bien que, d'après le *common law*, la contrefaçon
était considérée comme illicite. Aussi, les libraires-éditeurs sollicitèrent
une loi contre la contrefaçon. Ce fut l'*act* 8, Anne, c, 19 qui fut rendu
à la suite de ses demandes. La protection qu'il accorda n'était que d'une
durée maxima de 28 ans. Mais au début — et ce fut avec raison — on
ne prétendit pas que cette loi avait créé la protection contre la contrefaçon. On s'en rendit plutôt compte en ce sens qu'elle n'avait été faite
que pour sanctionner les dispositions du *common law*. C'est ainsi qu'il
fut jugé en 1769 dans la cause Millar c. Taylor. Mais, cinq ans plus
tard, il se produisit déjà un changement, dû aux idées du système économique des physiocrates et d'Adam Smith, aux idées libérales, en-
gendrées de la philosophie de Hume et de Locke, dont plus tard s'ins-
pirait la révolution française et dû à l'idée que la protection devait
appartenir aux auteurs et non aux éditeurs.

Cette nouvelle manière de voir s'est conservée ; et c'est d'elle que se
sont inspirées les lois actuelles.

C'était de même en *France*, où la protection qui répond à nos droits
d'auteur était accordée au début aux éditeurs, notamment aux éditeurs
de Paris. — Ceux-ci formaient une association analogue à la *stationer's company*, le corps de la librairie. C'étaient eux qui jouissaient uni-

quement des privilèges. Les privilèges n'étaient dès le xvii° siècle plus des *leges speciales* en faveur des particuliers ; mais ils furent accordés à chaque ouvrage. Ils étaient joints aux permissions délivrées pour exercer la censure. Les permissions étant devenues obligatoires, les privilèges le devinrent de même. Les privilèges furent prolongés à besoin, de sorte que la durée des droits des éditeurs nous paraît avoir été illimitée. Malheureusement cette évolution fut troublée par deux faits regrettables. Le parlement de Paris, en désaccord avec le pouvoir royal, s'opposa à la prorogation des privilèges que le conseil royal accordait. — C'était pour favoriser les libraires de la province qui critiquaient vivement les privilèges qu'on reconnaissait aux libraires de Paris. Paris étant alors déjà le centre intellectuel de la France, les libraires de la capitale parvenaient seuls à publier des œuvres originales. Les libraires de la province étaient donc forcément réduits à contrefaire et ils réclamaient le droit de contrefaçon. Telle était la situation au commencement du xviii° siècle.

Ce fut alors que se forma l'opinion que ce sont les auteurs dont les intérêts exigent la protection de la loi. Cette opinion tourna contre les éditeurs et contre leur prétendue propriété littéraire qui d'ailleurs fut brillamment défendue par Héricourt, Linguet et Séguier.

On finit par reconnaître le droit des auteurs. Mais on avait perdu le sentiment que ce droit découlait des principes du droit commun. Puisqu'il parut restreindre la liberté naturelle d'imprimer un livre, et puisqu'il ne parut pas rentrer dans le système général du droit, on le considéra comme « une grâce fondée en justice ». Il en résultait que la protection légale qu'on accordait aux auteurs par les six arrêts de 1777 était bien limitée. C'est des principes des six arrêts que se sont inspirées les lois qui furent faites à partir de la Révolution. Et, bien que les idées que nous trouvons exprimées dans les travaux préparatoires — comme dans le discours de Lakanal — paraissent bien larges et généreuses, la protection de ces lois ne répondait pas à ces pensées. Le préjugé contre les privilèges qui rappelaient l'ancien régime, contre tout ce qui semblait contraire aux principes de la liberté, contre tout ce qui ne rentrait pas dans le système du droit romain s'opposait à ce qu'il soit établi un droit d'auteur tel que nous le comprenons aujourd'hui.

Heureusement la jurisprudence française a bien su compléter les lacunes de la législation.

Tandis que les circonstances en France et en Angleterre prêtent à un certain rapprochement, l'état des choses en Allemagne était bien différent.

En *Allemagne*, c'est la division de l'empire en de nombreux petits États dont surtout il faut tenir compte.

Dans les États particuliers, la contrefaçon était interdite par le droit commun. Il s'agit donc seulement de constituer une protection, pour ainsi dire, internationale.

Le gouvernement impérial, n'ayant pas les moyens pour rendre efficace une défense générale de la contrefaçon, on se servait des privilèges des foires. Tous les éditeurs et libraires de l'Allemagne se réunissaient tous les ans, d'abord à Francfort-sur-Mein et, à partir du xviie siècle, à Leipsig. On délivrait aux éditeurs qui venaient aux foires des privilèges, de façon qu'on interdisait aux libraires d'apporter et de vendre aux foires des contrefaçons des ouvrages privilégiés. Le gouvernement de la Saxe électorale interdit déjà au xviie siècle (par l'arrêt de 1686) la contrefaçon au préjudice des éditeurs « qui avaient acquis légitimement les livres des auteurs ou en avaient obtenu des privilèges ».

Cette protection était d'une durée illimitée. Les principes qui sont consacrés dans ces arrêts électoraux, comme plus tard dans le Code civil prussien de 1794, sont établis d'une façon nette dans le fameux ouvrage du jurisconsulte Jean Etienne Pütter. (*Der Büchernachdruck nach achten Grundsätzen des Rechtsgeprüft*, 1774.) Mais, au commencement du xixe siècle, le même changement s'est produit que celui que nous avons constaté en France et en Angleterre. On confondit les privilèges professionnels des auteurs avec les privilèges professionnels des imprimeurs, et avec les monopoles et les droits exclusifs qui s'étaient conservés depuis le moyen âge. — D'ailleurs, le droit romain historique qu'on commençait à reconstruire n'avait pas de place pour ce nouveau droit qu'on accordait aux auteurs. — On s'éloignait donc de la pratique du xvie et du xviie siècle et, en méconnaissant la nature du droit, on se posait la tâche, qui paraît même paradoxale, de réaliser un système vicieux et d'augmenter en même temps les droits résultant de ce système, cédant de pas à pas aux besoins de l'évolution sociale et littéraire. C'est là loi prussienne de 1837 qui nous offre l'aspect curieux d'un tel essai. En ce qui concerne sa forme, et quand on considère qu'elle représente un système, on peut bien se rallier à l'opinion de Renouard qui l'appelle la meilleure des lois alors existantes (1). Mais au fond, comme les lois françaises, comme la loi anglaise de 1842, le droit qu'elle établissait n'était qu'une « grâce fondée en justice ».

C'est sur la loi prussienne qu'est calquée la loi allemande actuellement en vigueur.

Ce rapide coup d'œil sur l'évolution des droits d'auteur expliquera suffisamment que notre projet de loi ne se rattache aucunement aux lois antérieures.

II. — En parcourant les diverses lois qui aujourd'hui sont en vigueur, on apercevra bientôt qu'il n'existe aucune loi qui représente un *système* bien établi.

---

(1) Tome Ier, p. 268.

La plupart d'elles se bornent à énumérer les faits qui constituent une contrefaçon ou qui y sont assimilés et les opérations qui ne sont pas considérées comme portant atteinte aux droits des auteurs. — En outre, il se trouve trop de dispositions qui ne découlent pas d'un système et qui constituent en somme une protection à peine suffisante.

Toutefois il faut excepter les lois françaises. Elles n'établissent que le principe fondamental qu'il existe un droit exclusif des auteurs de vendre, faire vendre, distribuer leurs ouvrages. Elles reconnaissent d'ailleurs que ce droit est transmissible, et qu'après la mort de l'auteur il subsiste, pendant 50 ans, en faveur de ses successeurs.

Il est incontestable que ces dispositions ne constituent pas un système. Pourtant il faut reconnaître que nulle part les auteurs ne sont mieux protégés qu'en France, grâce à une jurisprudence large et élevée qui a su satisfaire au besoin de l'évolution sociale et littéraire.

En considérant ces faits que nous venons d'établir, nous en tirons les conséquences suivantes :

Une loi sur les droits d'auteur doit s'appuyer sur un système. En indiquant, par voie d'énumération, les conséquences qui résultent de la reconnaissance des droits d'auteur, le législateur ne pourra jamais prévoir tous les cas qui se présenteront au juge. Vis-à-vis d'un cas non mentionné dans la loi, le juge sera néanmoins toujours réduit à recourir au système de la loi, à moins qu'il n'en refuse l'application par la raison même qu'elle n'a pas prévu la question qui se trouve en cause.

Une loi sur les droits d'auteur ne doit donc pas seulement former un système bien déterminé, mais elle doit même se borner à cela. Ce sera la tâche de la jurisprudence de la mettre en accord avec les exigences de la vie sociale.

III. — Voici le système qui est établi dans notre projet sur les droits d'auteur :

La protection accordée aux auteurs se rattache au fait qu'un auteur a produit une œuvre. La production d'une œuvre, en ce qui concerne son importance pour le droit, peut être envisagée de deux points de vue. Elle se présente d'abord comme un acte social par lequel l'auteur manifeste son individualité. Quels que soient les moyens qu'il emploie, quelles que soient les tendances spéciales de l'ouvrage, c'est toujours l'individualité de l'auteur qui lui donne son essence, son caractère particulier et son efficacité. — La manifestation de l'individualité est un acte social dont l'importance est évidente. — Il est donc naturel que le droit garantisse l'auteur dans son activité sociale. Il en résulte *la protection de l'auteur dans ses rapports intimes avec son ouvrage.*

En publiant son œuvre l'auteur en tire profit. Celle-ci, par sa faculté d'être reproduite et distribuée contre un payement, devient susceptible d'une valeur ; elle constitue un *bien*. Il en résulte une nouvelle relation entre l'auteur et son ouvrage, une relation de nature économique. L'auteur a la jouissance du bien qu'il a créé ; et il découle des principes fondamentaux du droit que cette jouissance doit être garantie par la loi.

Nous nous trouvons donc en face d'une *double relation entre l'auteur et son ouvrage*, d'un rapport *social* ou *moral* et d'un rapport *économique*.

Cette observation nous fera reconnaître que le droit d'auteur n'est pas un droit uniforme. Et, en effet, nous distinguons la protection de l'auteur dans ses rapports intimes avec son ouvrage du droit de jouissance économique. Cette protection dont nous allons parler d'abord a été nommée droit moral. Nous éviterons d'employer le terme « droit »; car, à notre avis, il ne s'agit pas d'un véritable droit, qui suppose toujours une relation réelle préexistante. La protection que la loi accorde à l'auteur n'a qu'un caractère négatif; elle ne se manifeste que par des défenses, analogues aux prescriptions du code pénal. Puisque personne ne peut continuer l'individualité d'un auteur, cette protection se rattache étroitement à sa personne; elle n'est pas transmissible et elle s'éteint à la mort de l'auteur.

Il nous reste à parler du droit économique de l'auteur sur son ouvrage.

En considérant que le droit économique de l'auteur lui assure une jouissance libre et entière sur un bien, et que la loi réalise cette jouissance en en excluant tous les autres, nous sommes obligé de reconnaître que ce droit constitue une véritable propriété. Le terme « propriété littéraire ou intellectuelle » n'est pas un nom collectif comprenant tous les droits réservés à l'auteur, mais il exprime la vraie notion du droit.

Il nous est impossible d'entrer ici dans les détails de cette question, bien difficile et bien délicate. Remarquons seulement que ce droit est transmissible et qu'il peut être grevé d'un usufruit et d'un gage. Quant à la durée de la propriété intellectuelle, nous ne reculons pas devant la conséquence de notre définition; nous admettons la *durée illimitée*. Les raisons qu'on a voulu objecter contre la perpétuité de la propriété intellectuelle sont les mêmes que celles qu'on a opposées au droit même, et que les adversaires des droits d'auteur lui opposent encore aujourd'hui. En admettant une limite, on reconnaît que ces objections sont fondées, et qu'à un moment donné elles sont d'une importance assez considérable pour détruire les droits de l'auteur. Quand donc le moment est-il venu où les raisons sur lesquelles s'appuie la propriété intellectuelle n'auront plus de valeur, ni plus de force pour la soutenir? Aussi longtemps qu'on limitera sa durée, la propriété intellectuelle restera vague et exposée à l'objection qu'elle n'est au fond « qu'une grâce fondée en justice ».

IV. — Ayant indiqué la méthode et le système que nous avons employé dans le projet, il nous a paru utile d'y ajouter des observations concernant l'*ordre des articles* et quelques *particularités* du projet.

1. — Les deux premiers articles contiennent les définitions des termes : droit d'auteur et œuvre intellectuelle. Insistons un instant sur le mot

« œuvre ». Dans le texte allemand nous employons le terme « Geistige Schöpfung ». Cela doit être entendu dans ce sens qu'une œuvre doit être considérée comme le résultat d'un travail intellectuel, d'un travail propre à l'auteur qui, sans en altérer le résultat, ne peut être opéré que par lui-même. N'ayant pas trouvé un terme français qui corresponde absolument avec le mot allemand « Schöpfung », nous l'avons traduit par le terme « production qui forme un tout ». Mais par cette périphrase nous voulons exprimer seulement — et cela résulte même de l'alinéa 2 de l'article 2 — que pour constituer une œuvre intellectuelle il faut que le résultat du travail soit propre à révéler l'individualité de l'auteur ; il ne suffit donc pas qu'il soit une combinaison quelconque de mots qui ne porte pas un cachet particulier.

Par l'article 2, alinéa 3, nous établissons l'identité avec l'œuvre originale d'un ouvrage qui a subi des augmentations, des abréviations, une traduction, un arrangement, une adaptation, enfin une modification quelconque.

2. — Les articles 3 à 6 contiennent les dispositions concernant la protection de l'auteur dans ses rapports intimes avec son œuvre. Nous venons d'exposer que ces prescriptions ont un caractère purement pénal. En conséquence, la loi interdit à tout autre d'entreprendre sur l'œuvre de l'auteur sans le consentement de celui-ci.

L'article 5 découle de certains usages confirmés par la plupart des lois existantes. Toutefois, nous nous bornons à établir la présomption que l'auteur a donné son consentement à certaines entreprises sur son ouvrage, en lui laissant le droit de les interdire par une réserve spéciale. La liberté de la reproduction des discours faits dans des assemblées politiques et communales découle des principes du droit public, qui exige la publicité des débats des assemblées politiques. Nous entendons par assemblées politiques les assemblées parlementales et les assemblées départementales et cantonales.

Les articles 7 à 10 sont consacrés à la propriété intellectuelle dont nous avons précédemment exposé les principes fondamentaux. La propriété intellectuelle étant d'une durée illimitée, il en pourrait résulter l'inconvénient suivant. Lorsque pendant un certain espace de temps un ouvrage n'aura pas été réédité, on pourrait être dans le doute quant au point de savoir si le propriétaire de l'œuvre a abandonné sa propriété ou s'il compte l'exercer encore ? Cette considération nous a imposé la nécessité de forcer le propriétaire d'une œuvre à déclarer s'il veut ou non maintenir son droit au delà d'un certain délai, sous peine de s'exposer à une réédition de l'œuvre par un tiers. Il n'y aura de déchéance de la propriété intellectuelle que si un tiers en a acquis la propriété par voie de prescription.

Il nous a paru nécessaire de déterminer la position de la propriété intellectuelle vis-à-vis de la protection des articles 3 à 6 qui s'éteint à la mort de l'auteur. C'est pourquoi l'article 12 fait la distinction entre la situation avant la mort de l'auteur et celle après cette époque.

Les articles 13 à 15 ont pour but de rendre efficaces les prescriptions des articles 3 à 6 du projet. En ce qui concerne l'article 13, il est à remarquer que, d'après le code pénal allemand, l'amende minima en cas de délit est de 3 marcs, et que la peine d'emprisonnement minima est d'un jour. Par le mot composition qui répond au mot allemand « Busse », il faut entendre une sorte d'amende, payable au lésé. Sans constituer des dommages-intérêts, elle doit être considérée comme une compensation de la part du contrevenant, due à l'auteur pour une atteinte qui, bien qu'elle soit plutôt morale que matérielle, ne peut être réparée d'autre façon. Le délit de l'article 16 doit être rapproché des prescriptions du code pénal allemand concernant les délits contre la fortune d'autrui. D'après l'article 16 du code pénal allemand, la durée de la peine d'emprisonnement est au moins d'un jour, et de 5 ans au plus.

En ce qui concerne les dispositions des articles 17 et 18, ainsi que les dispositions transitoires, nous croyons pouvoir nous passer d'une explication spéciale.

A. OSTERRIETH.

TOURS. — IMP. E. ARRAULT ET Cie, 6, RUE DE LA PRÉFECTURE.

ASSOCIATION LITTÉRAIRE ET ARTISTIQUE

INTERNATIONALE

(15° session)

Siège social : 17, rue du Faubourg-Montmartre, PARIS

CONGRÈS DE BARCELONE
(1893)

RAPPORT

SUR LA

Nécessité de centraliser au bureau international de Berne
l'enregistrement des œuvres littéraires, artistiques, musicales, etc.

Par M. Jules LERMINA.

L'année dernière, au Congrès de Milan, notre éminent confrère, M. Rothlisberger, dans un rapport très étudié et qui constitue un véritable manuel de l'enregistrement littéraire, au point de vue de la statistique internationale, recueillait l'assentiment général pour un vœu ainsi formulé :

Le Congrès estime qu'il serait très utile que le bureau de Berne fût chargé par l'Union d'établir :

1° La statistique des œuvres littéraires, artistiques, théâtrales, musicales, publiées dans l'Union ;

2° Le répertoire des titres et noms d'auteur des mêmes œuvres ;

3° La généalogie des œuvres avec mission pour le bureau de Berne de fournir un certificat d'origine faisant preuve en justice.

Il est à désirer que le répertoire mentionné ci-dessus comprenne toutes les œuvres publiées depuis la promulgation de la Convention de Berne.

Il est à désirer que les auteurs soient admis, dans tous les cas et en dehors des formalités du pays d'origine, à faire enregistrer leurs œuvres au bureau de Berne, qui sera autorisé à leur en délivrer un certificat légal.

Ce vœu est d'une parfaite netteté et nous ne pouvons qu'en approuver les termes. Cependant, comme nous avons l'espoir qu'il sera soumis à la conférence qui, aux termes de la Convention de 1886, doit se réunir prochainement à Paris, il nous a paru utile de lui donner la sanction d'une nouvelle discussion et d'un vote nouveau qui, je l'espère, ne nous sera pas refusé par le Congrès de Barcelone.

M. Rothlisberger a traité surtout dans son excellente étude la question au point de vue du chiffre des publications dans les divers pays, des enseignements qui ressortent de la comparaison du nombre des divers genres de productions littéraires, et aussi de l'utilité pratique de la centralisation de renseignements que les intéressés pourraient invoquer pour la défense de leurs droits.

En ce qui concerne la statistique pure, établie par catégories de publications, il n'est pas douteux que c'est surtout par la comparaison internationale que des conclusions peuvent être tirées des divers chiffres recueillis. Selon que tel ou tel ordre de publications s'inscrit à tel ou tel rang, on peut tirer de cette indication des déductions précises sur la marche de l'esprit, sur l'influence des doctrines, sur le progrès scientifique dans les groupes civilisés. Et une simple opération arithmétique procure une vue synthétique de la tendance universelle du travail intellectuel, sinon tout à fait exacte, en tous cas fort instructive.

La centralisation des tableaux statistiques au bureau de Berne, placé dans des conditions exceptionnelles pour en recueillir les éléments, serait d'une utilité qui ne peut échapper à personne. A ce point de vue, les Etats de l'Union peuvent et doivent fournir à leur bureau central, — car n'oublions pas qu'ils sont les fondateurs et les patrons du bureau de Berne, — les renseignements établis par le soin des ministères compétents.

La décision que nous réclamons de la conférence de revision de la Convention de Berne comporterait donc pour les divers Etats de l'Union l'obligation d'établir, chacun en particulier, la statistique des ouvrages parus dans ses limites.

Pour certains pays, cette organisation intérieure existe et fonctionne. Chez d'autres, elle n'est qu'à l'état rudimentaire. Il en est même où, par des raisons d'ordre législatif ou administratif, elle rencontre des résistances sérieuses.

Pour que le Bureau de Berne puisse rendre à notre cause les services que nous sommes en droit d'espérer de lui, c'est donc tout d'abord aux Etats de l'Union que nous devons nous adresser, afin de vaincre, s'il est possible, les hésitations et les résistances. Et ici les considérations à exposer sont d'un ordre très élevé.

Tout pays, et c'est justice, est fier de son patrimoine intellectuel, et les noms des grands savants, des grands artistes, des grands littérateurs sont inscrits par eux bien au-dessus de ceux des conquérants. Les noms de Shakspeare, de Gœthe, de Cervantes, de Molière, de Dante et combien d'autres encore sont et restent dans la mémoire universelle quand les gloires éphémères sont oubliées. Mais ce patrimoine intellectuel ne se compose pas seulement des œuvres géniales, de celles qui s'inscrivent d'elles-mêmes au grand répertoire humain, mais encore de toutes les œuvres excellentes, médiocres ou même mauvaises qui sont le témoignage de l'effort intellectuel. Il n'est pas de livre, de brochure, de feuille imprimée, de gravure, d'enluminure, de chanson, de sonnet, de strophe qui ne constitue un document précieux pour l'histoire de l'esprit humain, et non pas au simple point de vue de l'érudition bibliographique, mais à cet autre, dont on ne saurait trop tenir compte, que toute pensée exprimée, réalisée, est génératrice d'autres pensées. En lisant une œuvre médiocre, le penseur souvent sent jaillir en lui une idée juste et utile; rien de ce qu'un homme a écrit, a pensé, n'est inutile. Le respect du livre est le commencement du progrès. Comment donc se pourrait-il qu'un pays civilisé ne recueillît pas soigneusement toutes les manifestations de l'esprit national, quelles qu'elles soient, quelle que soit leur forme, voire même leur nullité apparente. Apparente, répétons-le, car tels livres proclamés ridicules par les contemporains ont été replacés par les générations suivantes à leur véritable rang. Le devoir de tout pays est de fournir à ses nationaux tous les outils de travail laissés par les générations antérieures, de mettre à leur disposition tous les instruments d'étude qui chaque jour sont créés par les contemporains. Cette obligation de l'État ne peut être remplie que par la constitution d'un dépôt national, bibliothèque de la patrie, dans laquelle toutes les productions du pays, sans aucune exception, soient conservées et classées. Négliger cette organisation, s'y refuser, en méconnaître l'utilité, c'est commettre une faute grave contre la civilisation et le progrès, c'est retirer à ses nationaux le moyen de s'élever dans la sphère intellectuelle, c'est se vouer soi-même à l'infériorité.

Comment constituer ce que j'appellerai les arsenaux de l'esprit?

Il existe trois moyens :

1° L'achat par l'État de toutes les œuvres qui paraissent, à quelque catégorie qu'elles appartiennent et sans aucune exception ;

2° Le dépôt obligatoire, imposé à tous les producteurs de l'esprit, d'exemplaires de leur œuvre ;

3° Le dépôt facultatif.

Veuillez remarquer d'abord qu'il n'est pas ici question de propriété littéraire, de cette question de gros sous dont certains plaisantins aiment à nous railler. J'estime, pour ma part, qu'il n'est pas de souci plus haut, plus large, plus véritablement progressiste que celui qui nous intéresse en ce moment.

La constitution du Patrimoine national est indépendante de la question de rémunération due aux auteurs.

Donc, en aucun cas, ces deux points ne doivent se trouver liés. L'achat par l'État ou le dépôt par l'auteur ne peuvent influer en rien sur le droit de l'auteur, ni le constituer ni en être le garant.

En la question ainsi envisagée, le dépôt facultatif n'a plus de raison d'être. L'auteur, — c'est-à-dire l'individu, — n'a pas le droit de commettre le déni de progrès que nous mettions tout à l'heure à la charge de l'Etat ; il n'a pas le droit de refuser à la collectivité nationale l'œuvre qu'il a conçue en la langue, avec les enseignements que sa patrie lui a donnés. Il y a des devoirs du citoyen. Celui-ci est un de ceux qui nous paraissent indiscutables. Le dépôt obligatoire par tout écrivain, artiste, musicien, travailleur de l'esprit, à quelque titre que ce soit, d'un exemplaire de l'œuvre qu'il a créée est, à mon sens, justifiable par les plus hautes considérations. C'est pourquoi une sanction à cette obligation est de droit strict. Il appartient à la législation de chaque pays de la déterminer.

Quant à l'achat, il ne peut venir que par surcroît. L'auteur doit un exemplaire de son œuvre. Si l'Etat estime que plusieurs exemplaires sont indispensables, il aura à se les procurer aux conditions ordinaires.

Je suis loin d'ignorer que ces idées, par cela même qu'elles reposent sur des principes nets, paraîtront à beaucoup revêtir un caractère d'absolutisme gênant. On ne manquera pas d'invoquer la liberté, et pourtant vous verriez celui-là même, qui protesterait contre le dépôt obligatoire de son œuvre au profit de la collectivité, réclamer violemment l'intervention de l'Etat pour le protéger contre une reproduction illicite ou un plagiat. C'est ce que certains appellent l'individualisme. Tout pour soi, rien pour tous.

Si je me suis permis d'insister avec autant d'énergie sur ce point, c'est qu'en cette conclusion, — le dépôt obligatoire, — gît la solution du problème qui nous occupe en ce moment.

C'est grâce à lui que le Bureau international de Berne prendra son parfait développement et jouera enfin le rôle qui doit lui être assigné.

Le Bureau de Berne doit être le centre d'informations intellectuelles du monde entier. Sa charte d'investiture, qui se trouve dans la convention de 1886, contient en germe cette idée d'enregistrement universel, dont la grandeur effraie trop, et qui paraît beaucoup mieux applicable quand on l'examine de près.

Tant que le Bureau de Berne devra attendre du bon plaisir ou du caprice des nations indispensables à l'établissement des statistiques, il est certain que ses travaux, si bien dirigés qu'ils soient, — et vous connaissez trop l'homme éminent qui se trouve à sa tête, notre cher et dévoué M. Henri Morel, pour douter qu'il s'y applique de toutes ses forces, — ses travaux, dis-je, resteront incomplets.

Que le dépôt obligatoire existe dans tous les pays de l'Union et le jour viendra où l'Union comprendra toutes les nations civilisées, et alors sa tâche devient pratique et considérable.

Et ici apparaît alors la question de propriété littéraire dont l'enregistrement central international deviendra la première et la plus sûre garantie.

En effet, nous savons tous de quelle importance est pour l'établissement et la défense du droit de propriété intellectuelle. la question de date de l'apparition de l'œuvre, notamment en ce qui concerne la traduction, l'adaptation, la représentation.

Je dirai plus, en me plaçant au point de vue le plus large, est-ce que la Société n'a pas intérêt à connaître le moment où une œuvre tombe dans le domaine public ? Le Bureau de Berne devra non seulement enregistrer la date de la naissance de l'œuvre, mais autant que possible, d'après les renseignements recueillis, la date du décès des auteurs.

Revenant à la centralisation des documents, il apparaît évident que le dépôt obligatoire lève toutes ces difficultés. L'enregistrement central est établi d'après les listes d'enregistrement particulier de chaque nation.

Mais maintenant nous allons voir en quelles proportions le rôle du Bureau de Berne s'agrandit et s'élargit.

Je me souviens qu'au Congrès de Milan, M. Henri Becque, l'éminent auteur dramatique, m'a pris quelque peu à partie parce que j'accordais aux œuvres philosophiques et scientifiques une primauté sur les œuvres d'imagination pure. Mon opinion n'ayant pas changé, c'est dans le domaine scientifique que je prendrai l'exemple sur lequel je veux attirer votre attention.

Le Bureau de Berne ne devra pas se contenter d'inscrire à la suite les œuvres dans l'ordre de leur apparition. Son mandat sera à la fois plus difficile et plus délicat et, comme vous allez le voir, il prendra un caractère d'utilité générale, humaine en quelque sorte.

Déjà dans son rapport M. Rothlisberger indiquait les grandes lignes d'une classification systématique des œuvres publiées avec titres et noms d'auteur.

Les Etats divers fournissant la liste complète de toutes les œuvres parues dans le pays, — et, ne vous effrayez pas, c'est deux heures par jour de travail pour un employé de ministère (il est vrai que deux heures c'est beaucoup pour lui !), — le bureau de Berne étudiera les documents d'abord au point de vue du nombre des œuvres publiées dans chaque catégorie ; puis, étant formés les groupes dont je prends l'exemple dans le journal de la Librairie française, tout en faisant mes réserves sur la classification (1), — il devra diviser ces groupes en catégories spé-

---

(1) 1. Religion. Cultes.
2. Droit.
3. Philosophie et morale.
4. Sciences occultes.
5. Sciences morales et politiques.
6. Sciences militaires, marines et navigation.
7. Sciences mathématiques.
8. Sciences naturelles.
9. Sciences médicales.
10. Sciences agricoles.
11. Arts industriels.
12. Histoire et études accessoires.
13. Géographie ethnographie, ethnologie, éthologie, voyages, guides.
14. Littérature française
15. Littérature étrangère ancienne et moderne et traductions en prose ou en vers.
16. Littérature ancienne.
17. Beaux-Arts.
18. Education et enseignement.
19. Ouvrages de vulgarisation.
20. Divers.

spéciales, inscrivant dans chacune d'elles les livres qui y touchent.
Ainsi prenons pour exemple les *sciences naturelles.*

En premier lieu, on inscrira les œuvres collectives, encyclopédies, revues spéciales.

Puis viendront les livres d'étude générale, embrassant tout ou partie d'un système, *la Variation des animaux* de Darwin ;

Et ensuite les branches diverses des sciences naturelles :

Physique, chimie, électricité, optique, etc. ;

Histoire naturelle, géologie, botanique, zoologie.

Il est bien entendu que je n'ai pas la prétention d'établir d'ores et déjà une classification qui demandera un travail difficile.

Mais j'en veux venir à ce point que, lorsqu'un répertoire international universel sera établi dans les bases, il constituera un véritable trésor pour le travailleur.

Surtout en ce qui touche les sciences, combien seraient heureux de connaître le titre des œuvres qui ont paru en ces dernières années sur telle ou telle branche de connaissances à laquelle ils se sont voués ! Que d'outils merveilleux mis à la disposition de l'homme de bonne volonté ! Que de recherches inutiles et de temps perdu épargnés à l'activité humaine !

Je sais un de mes amis qui a passé deux ans à des études de linguistique fort curieuses sur l'ancien égyptien, et ces recherches n'avaient pour but que de servir de base à un travail de reconstitution historique. Il avait achevé son travail parfaitement préparatoire quand il apprit que depuis cinq ans ces documents existaient dans quatre gros volumes publiés aux Etats-Unis. Le Bureau de Berne, organisé selon nos désidérata, lui auraient sauvé deux années d'existence.

Ce répertoire serait le véritable livre d'échanges de la pensée humaine ; il entraînerait l'extension fatale des traductions, il éveillerait en tous le désir de connaître la langue de l'auteur étranger. Peut-être m'accusera-t-on de voir bien vite et bien loin. J'estime qu'il y a là une œuvre grandiose qu'il sera glorieux d'avoir entreprise, et, en la patronnant, en la défendant, en aidant à sa création, l'Association littéraire et artistique internationale reprend dans toute sa largeur l'idée qui a présidé à sa fondation, la vraie fraternité intellectuelle des peuples.

Et, en ce qui concerne l'Association, j'aurai l'honneur de lui proposer, dès notre retour à Paris, l'organisation d'un premier répertoire, limité peut-être sans doute, mais qui servira d'encouragement aux autres sociétés nationales pour préparer l'œuvre de l'avenir. Mais ce n'est point ici l'occasion d'entrer dans ces développements.

Pour me résumer, j'estime que l'extension des attributions du Bureau de Berne s'impose, que nous lui serons reconnaissants d'accepter le mandat que nous sollicitons de la Conférence de revision de la Convention de 1886 et que nous sommes heureux de lui donner dès maintenant le témoignage de notre confiance en son zèle et en sa compétence pour mener à bien une œuvre dont la difficulté est égale à son utilité,

Je vous propose de donner votre sanction au vœu voté l'année dernière au Congrès de Milan et d'y ajouter celui-ci :

Il est à désirer que les États de l'Union imposent à tous les auteurs ou éditeurs le dépôt obligatoire d'un exemplaire de l'œuvre publiée, cette condition restant d'ailleurs indépendante de la reconnaissance du droit de l'auteur sur son œuvre.

JULES LERMINA.

Tours, imp. E. Arrault et Cie

ASSOCIATION LITTÉRAIRE ET ARTISTIQUE

INTERNATIONALE

(15ᵉ session)

Siège social : 17, rue du Faubourg-Montmartre, PARIS

CONGRÈS DE 1893

DE LA PROPRIÉTÉ DES TITRES

AU POINT DE VUE DES ŒUVRES LITTÉRAIRES

A plusieurs reprises, il est arrivé, ces temps derniers, que des contestations se sont produites publiquement au sujet de la propriété, basée sur la priorité, du titre d'une œuvre en préparation ou nouvellement publiée. Le sujet que nous nous proposons d'étudier n'est donc pas une question académique, légèrement oiseuse, inventée par un esprit quintessencieux et se plaisant à la recherche de la petite bête. La question existe. Elle se pose en pratique. Elle réclame donc notre attention et demande à être résolue.

Je résiste à la tentation de me lancer dans une érudition à perte de vue et de vous faire l'historique du titre. Qu'il me suffise de vous dire que le titre d'une œuvre a aujourd'hui un autre but et une autre signification qu'autrefois. A des époques plus calmes, moins encombrées lorsque les littérateurs étaient rares et les livres clairsemés, le public restreint des lettrés suivait attentivement les travaux des quelques auteurs, s'intéressait à chacune de leurs œuvres, et n'avait pas besoin d'être violemment sollicité pour en prendre connaissance. Le titre, dans ces conditions, se faisait volontiers modeste. Il n'avait pas d'importance et pouvait se passer d'une physionomie propre. Pour quelques livres qu'un caprice de leur auteur affublait d'un titre bizarre et souvent inexpliqué comme *l'Oie grise* (*Gràgas*, le code des antiques lois de l'Islande), nous rencontrons des centaines de livres à titres aussi pâles, aussi effacés que *les Rimes* de Pétrarque, *les Essais* de Montaigne, *les Fables* de Lafontaine, *les Maximes* de Larochefoucauld.

De nos jours la situation a entièrement changé. Il y a surproduction littéraire et encombrement de livres. Tout le monde, ou à peu près, écrivant, il ne restera bientôt plus personne pour lire. Afin de s'emparer de cet être rare et exquis, le lecteur acheteur, on se livre des combats aussi effroyables que celui, chanté par Homère, qui a sévi autour du cadavre de Patrocle. Dans ces conditions, le titre a acquis une importance énorme. Il est devenu une arme de premier ordre dans la lutte pour l'existence du livre. Il joue un rôle analogue à celui des qualités physiques des êtres vivants appelées par Darwin *marques sexuelles secondaires*. Ces marques sont inutiles à l'individu au point de vue de son existence. Ce sont des couleurs voyantes, des appendices cutanés de différentes formes, des notes de voix, toutes choses qui ni ne lui facilitent la recherche des aliments, ni n'augmentent sa sécurité, mais qui attirent sur lui l'attention de l'autre sexe de son espèce et éveillent en sa faveur des désirs amoureux.

Le titre est pour le livre ce que les marques sexuelles secondaires sont pour l'être vivant. Au point de vue de l'art, évidemment, il est d'un intérêt très inférieur. Le plus beau titre n'ajoute aucune valeur à une œuvre vide ou médiocre et plus il est prétentieux, mieux il fera ressortir la nullité du livre. Et un beau livre n'a pas besoin, pour être apprécié par celui qui l'aura réellement lu, d'un titre retentissant, ou suggestif ou explicatif. Néanmoins, même au point de vue de l'art pur, je ne vais pas jusqu'à prétendre que le titre soit chose entièrement négligeable. S'il est indifférent, il ne gâte rien. Il est alors une enveloppe que l'on déploie sans la regarder. Mais, s'il est expressif, il peut parfaitement produire une suggestion propice, créer chez le lecteur, un état d'âme favorisant les effets émotionnels que l'auteur veut amener par son œuvre. Dans ces cas, le titre est comme un rapide et intense prélude d'orchestre mettant le public au diapason de l'œuvre et préparant, facilitant et augmentant par là son impression esthétique.

Cet effet possible d'un titre judicieusement choisi suffirait déjà pour le faire considérer comme partie intégrante de l'œuvre, ayant par conséquent droit à la même protection que celle-ci. Cependant, nous ne nous plaçons pas, dans notre discussion, au point de vue de l'art pur, mais à celui de l'intérêt pratique de l'auteur. Le titre, nous l'avons vu,

est pour lui une arme dans la lutte pour l'existence. L'immense difficulté est toujours de se faire remarquer. C'est le titre qui doit souvent
remporter pour le livre ce succès primordial et la plupart du temps
décisif. Car ne nous y trompons pas : si le génie est toujours rare, le
talent pullule. Pour l'œuvre du génie, nous pouvons être tranquilles.
Elle fera son trou aussi sûrement qu'une loupe de fer rouge ou qu'un
filet d'acide fluorhydrique. Pour le talent, même considérable, je n'en
suis pas sûr du tout. Ici, le hasard joue un rôle vraiment effrayant.
Voici cent livres tous à peu près également intéressants, également
bien écrits et bien composés. L'un arrive à la notoriété, à la gloire même,
les autres passent inaperçus et meurent sans avoir vécu. Et pourtant,
le livre favorisé n'est pas meilleur que ses rivaux malheureux, les
vaincus ne sont pas moins bons que le triomphateur. A quoi tiennent
ces inégalités de fortune bien faites pour expliquer ces envies furieuses,
ces débinages confraternels, cette manie de se croire méconnu qu'on
rencontre si souvent chez les gens de lettres ? A un peu de chance, aidée
par un peu d'adresse. Le public passe, indifférent. De tous les côtés,
on lui crie des noms, on le sollicite de mille façons, on cherche à frap-
per son esprit par des moyens optiques et acoustiques. Lui, il est fait à
ce brouhaha de sons et de couleurs. Il n'y prête pas attention. Subite-
ment pourtant, il se sent saisi. Dans le bruit étourdissant, il a distingué
un mot. Il s'arrête, il regarde, il écoute : et voilà une réputation établie,
voilà une fortune littéraire bâtie. Comment y est on arrivé ? Par la
camaraderie, par la réclame organisée souvent, par un titre heureux
quelquefois. Ce titre a accroché l'œil du critique d'abord, du public
ensuite. D'une pile monumentale de livres, on a tiré ce volume heureux,
en négligeant les autres, simplement parce que son titre a éveillé un
intérêt, une curiosité. Grâce au titre qui était une promesse, on a
ouvert le livre, on l'a lu, on ne l'a pas trouvé mauvais, on en a parlé,
on l'a classé parmi les œuvres à connaître.

Puisque le titre peut avoir une influence tellement décisive sur le
sort d'un livre, il me semble de toute nécessité de considérer sa propriété comme faisant partie de la propriété intellectuelle en général et de
lui accorder la protection de la loi.

Pourtant, il convient ici de faire des distinctions. Pour que le titre
ait droit à la protection, pour qu'il puisse être une propriété personnelle
et exclusive de son auteur, il faut qu'il ait une physionomie individuelle,
qu'il résulte d'un petit effort créateur, qu'il soit réellement une invention de l'auteur. Il serait tout à fait excessif de reconnaître à l'auteur
un droit de propriété sur un titre qui serait ou entièrement banal ou
la désignation générique d'un grand ordre de faits ou une conception

générale ni qualifiée, ni différenciée. S'il plait à Michelet d'appeler ses livres *la Femme, la Mer, l'Oiseau, l'Amour*, il ne peut pas prétendre interdire aux autres littérateurs contemporains de placer leurs œuvres sous l'invocation de l'*amour*, de la *femme* ou de la *mer*. Un auteur n'a pas le droit de confisquer à son profit les grands phénomènes primitifs de la nature et de la vie intellectuelle. Il faut que « le soleil luise pour tout le monde » et que chaque être garde sa part naturelle de « l'amour » universel.

De même, il serait grotesque de permettre à un auteur d'accaparer des titres comme *Paris, Histoire universelle, l'Electricité*, etc. Celui qui choisit un titre de cette nature, renonce délibérément à en faire un trait distinctif de son œuvre et n'en attend évidemment aucun effet attractif sur le public. Il compte sur son nom, sur l'autorité qu'il peut tirer d'une position officielle, sur l'intérêt du sujet qu'il traite pour assurer des lecteurs à son œuvre, et le titre n'étant pas pour lui un moyen de forcer la notoriété, il n'a aucune raison de le défendre contre les rivaux possibles.

Je ne me cache pas qu'il peut être très délicat de décider si un titre porte la marque d'un travail personnel ou s'il est assez banal pour n'être pas susceptible de protection légale. Pour les cas tranchés, évidemment, nulle difficulté. *Histoires incroyables, les Mariages maudits* de notre ami Jules Lermina, *Fantôme d'Orient* de Pierre Loti, *l'Automne d'une femme*, de M. Marcel Prévost, sont indiscutablement des titres individuels, fortement différenciés, constituant une petite invention originale. Les *Dialogues philosophiques* de Renan, les *Chansons* ou *Chansons nouvelles* de Nadaud, *Allemands* du père Didon sont tout aussi indiscutablement des titres banals, non susceptibles de protection légale. Mais le *Rêve*, mais l'*Argent* de M. Zola? Mais *Mensonges* de M. Bourget? Ces titres sont-ils banals? Sont-ils personnels? Faut-il les respecter? Peut-on se les approprier? J'avoue que je serais ort embarrassé si j'étais appelé, comme juge ou arbitre, à connaître du différend. Je me récuserais peut-être. Ou bien j'essaierais de concilier les parties en cause par des raisons de bon sens. Si un illustre revendiquait son droit contre un obscur, je lui dirais : « Voyons, Monsieur Zola, qu'est-ce que cela peut vous faire, si M. Durand appelle sa machine l'*Argent?* Aucun acheteur entrant chez le libraire et demandant le roman l'*Argent* ne se retirera satisfait en recevant du commis l'œuvre de M. Durand. Au contraire, il est bien plus probable qu'aux invraisemblables clients qui demanderont l'*Argent* de M. Durand, on persuadera qu'ils doivent faire erreur et qu'ils entendent certainement avoir le roman de M. Zola. » Si c'est l'obscur qui réclame contre l'illustre, je lui dirais : « Votre œuvre n'a pas été remarquée, autrement, M. Zola ou M. Bourget en aurait eu connaissance et aurait évité d'en prendre le titre. Inconnue avant, votre œuvre le restera après cet emprunt. Il n'y aura donc rien de changé et vous ne subissez aucun préjudice. Et, du reste, de quoi vous plaignez-vous ? Le *Rêve*, l'*Argent*, ce sont des titres sans véritable physionomie. Créez un chef-d'œuvre, et son titre, même s'il est totalement inexpressif, acquerra la valeur d'un nom propre que personne ne songera à vous prendre. Si vous n'avez pas assez de talent pour écrire un livre remarquable, tout en ayant quand même l'ambition d'avoir au moins votre titre bien à vous et auquel personne ne touche, eh bien ! vous auriez dû faire un petit effort, inventer un titre qui diffère un peu des autres. Vous en êtes incapable ? Mettez à la tête de votre livre un nom propre. Cela, c'est à la portée de tout le monde. Vous avez négligé cette précaution ? Alors vous êtes mal venu de demander qu'on protège votre impuissance ou votre imprévoyance. » Enfin, si deux obscurs se sont rencontrés dans le choix du même titre, on les renverra dos à dos en prouvant à chacun (à part, bien entendu) qu'aucune confusion n'est possible entre son chef-d'œuvre et son homonyme mort-né. Du reste, si la loi protège les titres expressifs sans étendre sa protection sur les titres banals ou généraux, l'attention des auteurs se portera davantage sur ce point ; ils s'efforceront de créer des titres susceptibles d'être protégés et ceux qui ne le feront pas manifesteront par cela même leur indifférence à l'égard de la protection légale et ne l'invoqueront certainement pas. Les cas embarrassants, où il faudra décider si un titre est personnel ou banal, tout en restant théoriquement possibles, se présenteront donc sans doute très rarement dans la pratique.

De la nature même du titre et du but que l'auteur se propose d'atteindre par lui, il découle une seconde restriction du droit de propriété. La protection à accorder ne doit pas avoir la même durée que celle dont jouit l'œuvre. Rappelons-nous que dans chacun des principaux pays civilisés, il se publie tous les ans de 14 à 18,000 livres. Le nombre des mots dont dispose une langue est limité et les combinaisons de deux ou trois vocables qui peuvent constituer un titre n'est pas inépuisable. Si le titre est protégé aussi longtemps que l'œuvre même, c'est-à-dire pendant la vie de l'auteur et trente à cinquante ans après sa mort, le nombre des titres formant un *Noli me tangere* atteindra à la longue des hauteurs fantastiques ; il se chiffrera par centaines de mille, par millions, on aura bientôt fait le tour du dictionnaire, et à moins d'employer de longues phrases en guise de titres, on se verra acculé à la nécessité de créer des assemblages de syllabes sans signification, à l'exemple de *Vamireh* de M. Rosny. Pour cette raison et pour une autre que j'exposerai aussitôt, il me semble qu'une durée de dix ans suffit pour la protection du titre. La seconde raison, c'est que la protection est inutile au delà de dix ans. N'oublions pas que le titre sert à attirer l'attention sur l'œuvre et à lui constituer un état civil. Eh bien, si ce n'est pas fait au bout de dix ans, cela ne se fera jamais. Dans l'immense majorité des cas, le sort d'un livre est décidé au bout de dix ans. Je n'ignore pas qu'il y a des exemples d'une fortune littéraire ayant commencé après un laps de temps pendant lequel l'œuvre était restée profondément inconnue. Mais ce miracle de la résurrection d'un livre enterré ne s'est pas répété une douzaine de fois dans la littérature de tous les temps et de tous les pays. Nous n'avons donc réellement à considérer que ces deux cas : où le livre sera resté obscur, alors on ne cause aucun dommage à son auteur en lui empruntant au bout de dix ans un titre qui ne lui aura été d'aucune utilité ; où il aura fait son trou, il aura eu une vogue plus ou moins grande, alors son titre sera ancré dans l'esprit du public, il y sera indissolublement lié au nom de son auteur et si un autre écrivain est assez imprudent pour le prendre, l'auteur du livre consacré n'en souffrira pas puisque l'association d'idées qui dans toutes les mémoires est établie entre le titre de son livre et son nom, lui restera acquise et ne pourra être rompue que bien difficilement.

Le sens commun, du reste, empêchera la plupart du temps un auteur de s'emparer d'un titre connu et consacré. Car ce titre fera penser à l'autre œuvre, il amènera des comparaisons et pour que celles-ci tournent à la faveur du nouveau venu, il faut qu'il soit non seulement bon en lui-même, mais considérablement meilleur que l'autre qui a pour lui, outre sa valeur propre, le prestige de la place acquise, l'habitude d'admiration de la multitude des moutons de Panurge et la force d'inertie de tous les esprits moyens. Pourquoi un auteur braverait-il de propos délibéré ces formidables chances d'insuccès lorsqu'il lui est si facile de les éviter en n'évoquant pas le souvenir d'une œuvre classée ? Pendant un demi-siècle, il était de mode, en Allemagne, que chaque jeune poète partant pour la conquête de la gloire y allait de son petit *Faust.* Cela n'a pas nui à celui de Gœthe et n'a fait que rendre ridicules les jeunes ambitieux. Il fallait tout le génie d'un Lenau pour qu'on prenne au sérieux son *Faust* à lui et encore le compare-t-on et le trouve-t-on inférieur, alors qu'une œuvre d'une moindre prétention aurait été jugée bien plus glorieuse. S'il plaît à un auteur de donner à son œuvre le titre de *Don Quijote, Hamlet* ou *le Cid*, libre à lui. A moins d'avoir à lui-même plus de génie que Shakespeare, Corneille et Cervantes ensemble, il ne fera que rire. C'est là un cas extrême, mais qui se répétera en plus petit chaque fois qu'un auteur s'appropriera un titre entouré de l'auréole de dix années de succès.

Je résume donc ce qui précède dans les propositions suivantes dont je vous recommande l'adoption :

Le titre d'une œuvre littéraire constitue une propriété intellectuelle qui doit être protégée par la loi.

Pour être susceptible de protection, le titre doit avoir le caractère d'une invention personnelle.

La protection ne peut pas s'étendre au delà d'une durée de dix ans à partir de la publication de l'œuvre.

Elle ne défend l'appropriation du titre par un autre auteur que pour les œuvres du même genre.

MAX NORDAU.

TOURS. — IMP. E. ARRAULT ET Cⁱᵉ, 6, RUE DE LA PRÉFECTURE.

ASSOCIATION LITTÉRAIRE ET ARTISTIQUE

INTERNATIONALE

(15° session)

Siège social : 17, rue du Faubourg-Montmartre, PARIS

CONGRÈS DE 1893

RAPPORT

SUR

LA PROPRIÉTÉ DES DESSINS D'ARCHITECTURE

Par M. Georges HARMAND

Avocat à la Cour de Paris

Lorsque l'œuvre exécutée sur le terrain par un architecte apparaît belle dans ses lignes principales, dans ses détails, dans sa disposition, et qu'il s'en dégage une impression d'art qui saisit et émeut, que ce soit un édifice grandiose élevé pour l'État, un hôtel ou un monument construit pour un particulier, il semble bien naturel d'admettre que la conception d'une telle œuvre confère à son auteur des droits de propriété artistique.

Nous avons essayé, l'an dernier à Milan, de déterminer les droits de l'architecte à la même protection que celle qui est accordée au peintre, au sculpteur et aux autres artistes. Pour ceux-ci la question n'est pas discutée, pour l'architecte elle l'a été longtemps; mais au congrès de Madrid en 1887, au congrès de Milan en 1892, cette assimilation a été proclamée ([1]), et dès lors la question a fait un grand pas.

Toutefois si nous pouvons être rassurés sur la reconnaissance au profit de l'architecte du droit de propriété artistique, dont jouissent déjà les autres artistes, si les vœux généreux du congrès de Milan viennent donner satisfaction aux justes désirs des architectes, il reste encore des questions mal définies ; de ce nombre est celle de la propriété des dessins d'architecture.

Par dessins d'architecture, il faut entendre l'ensemble des lignes tracées par l'architecte pour exprimer l'œuvre qu'il a conçue, et arriver à sa reproduction. Les dessins d'architecture comprennent donc les plans, plans coupe et élévation, le dessin des façades extérieures ou intérieures, les croquis de détails.

L'ensemble de tous ces éléments, qui correspondent étroitement l'un à l'autre, permet d'envisager et de comprendre l'œuvre d'architecture, de ressentir l'émotion artistique qui se dégage de sa conception ; c'est un tout indivisible qui constitue l'œuvre avant même son exécution sur le terrain.

Entre l'expression de la conception de l'architecte, du peintre et du sculpteur, pas de différence : mêmes procédés d'expression, mêmes règles, mêmes accessoires, harmonie des lignes, règles de perspective, pinceaux et crayons. Tous les artistes dont l'art vit de lignes ([2]), de dessin n'ont qu'une même façon de communiquer leur pensée, car il n'est qu'une façon de dessiner.

Puisqu'il est admis maintenant par tous les auteurs que l'artiste a un droit de propriété non pas seulement sur l'œuvre exécutée, mais sur l'idée, sur la première réalisation de sa conception artistique, qu'il s'agisse de l'œuvre d'un peintre, d'un sculpteur, d'un graveur, comment pourrait-on faire une exception pour l'architecte? Et dès lors ce qu'il faut envisager comme source de son droit d'auteur, c'est la pre-

---

(1) Vœux votés au congrès de Milan (1892). — « Il est à désirer que dans le pa- « ragraphe 3 de l'article 4 de la convention de Berne les œuvres d'architecture « soient énumérées parmi les œuvres artistiques protégées. — Il est à désirer que « dans toutes les législations l'architecte soit assimilé aux autres artistes. »
(2) V. Pouillet, *Propriété Littéraire et artistique.*

mière manifestation de sa conception, ce qui résume l'effort de son génie, ce sont les dessins d'architecture.

Cette opinion sur le point de départ de la matérialisation de l'œuvre d'architecture, que nous avions déjà indiquée au Congrès de Milan, est d'ailleurs adoptée par un grand nombre d'auteurs (1).

Rigoureusement logique, cette solution a, en matière de propriété artistique des œuvres d'architecture, une importance considérable tant au point de vue des droits d'auteur sur l'œuvre exécutée qu'au point de vue des droits sur l'œuvre dessinée.

En effet, il faut en conclure que l'œuvre exécutée n'est qu'une repro- duction consentie par l'architecte au profit du propriétaire, son client. Si nous analysons alors le contrat qui intervient entre l'architecte et son client, nous voyons que l'architecte cède à ce dernier le droit de jouir de l'œuvre exécutée, des avantages de la disposition intérieure ou extérieure, des satisfactions artistiques qu'il peut éprouver au spec- tacle de l'harmonie des lignes et de la décoration de l'œuvre (2). Le propriétaire a tout cela, mais il n'a que cela. Il n'a donc reçu de l'ar- chitecte ni le droit de répéter l'œuvre sur un autre terrain, ni celui de la reproduire par la gravure, la photographie ou tout autre procédé.

Il s'ensuit donc que relativement à l'œuvre exécutée l'architecte conserve tous les droits de reproduction. Il pourra faire graver ou photographier son œuvre ; comment ne pas admettre qu'il reste pro- priétaire de tous les droits d'auteur relatifs aux dessins d'architecture, puisqu'il ne doit au propriétaire qu'une reproduction de l'œuvre qu'il a conçue, et qu'une fois la construction terminée, l'architecte a rem- pli tous ses engagements.

Au reste, si l'architecte n'avait pas la propriété de ses dessins d'ar- chitecture, il faudrait décider qu'il n'a pas le droit de les exposer dans les Salons ou Expositions artistiques sans le consentement du pro- priétaire.

(1) Pouillet, *Propriété littéraire et artistique*, nos 95 à 97. — Darras, *Du droit des auteurs*, no 87. — Dalloz, *Prop. artist* , no 414. — Renouard, t. II, p. 80. — Ravou et Collet Corbinière, *Dict. de la propriété bâtie*, art. 11. — Bardoux, *Rapport sur la prop. artist.* (V. *Officiel*, 20 mars 1881, Annexes).

(2) V. Rapport sur la propriété artistique en matière d'architecture au Congrès de Milan, p. 10.

Or c'est justement le contraire qu'a admis le tribunal de Nevers (4 février 1884) dans un jugement, qui décide que l'architecte use incontestablement de son droit en exposant comme objets d'art les plans et dessins qui sont son œuvre et qui à ce titre restent sa propriété [1].

Pour prévoir toutes les objections, il nous faut ajouter que nous n'envisageons dans notre travail que des œuvres d'architecture ayant un caractère original (les autres ne sauraient être la source d'un droit de propriété artistique) ; et que d'autre part l'architecte, dans la commande qui lui est faite par son client, conserve une latitude absolue quant aux dispositions de son œuvre ; son talent n'a pour mesure que la forme et la qualité du terrain à couvrir ainsi que la destination de l'édifice. Bien qu'il soit invraisemblable qu'un architecte de valeur consente à accepter de son client un programme, qui le lie au point de n'être plus qu'un dessinateur à gages, il faut reconnaître que, dans ce dernier cas, il n'aurait exécuté qu'un travail commandé, et les droits d'auteur, qui pourraient en résulter, reviendraient à l'inspirateur de l'œuvre.

Enfin il peut arriver, mais c'est un cas excessivement rare, que l'architecte trace ses dessins d'architecture pour un client, qui se réserve de les faire exécuter par un architecte ultérieurement choisi. Dans ce cas l'architecte cède au propriétaire le droit d'utiliser les dessins d'architecture pour l'exécution de la reproduction concédée, et, en attendant cette exécution, le droit de jouir de la vue de ces dessins d'architecture, le droit de goûter une satisfaction artistique dans la vue de l'œuvre qui y est exprimée.

Dans ce cas seulement l'architecte doit remettre au propriétaire ce qui lui sera nécessaire pour l'exécution de l'œuvre.

Mais rien n'implique la nécessité pour l'architecte de remettre les originaux de ces dessins d'architecture. Des expéditions nettes et précises sont absolument suffisantes.

D'ailleurs de l'analyse de la pratique nous pouvons tirer deux arguments à l'appui de notre système.

(1) Voir rapport au Congrès de Milan sur la propriété artistique en matière d'architecture, p. 14.

Tout d'abord, en France, l'architecte reçoit dans ses honoraires, qu'un avis très contesté du Conseil des bâtiments civils du 12 pluviôse an VIII a fixé à 5 %, une rétribution pour la confection de plans et projets qui s'élève à 1 1/2 %. Ainsi pour une construction de 100,000 francs l'architecte devra recevoir 1,500 fr. pour la confection de ses dessins d'architecture. De suite on se rend compte de ce qu'il y aurait d'injuste et d'excessif à admettre que, pour cette somme insignifiante, tous les dessins d'architecture, plan, plans-coupe et élévation, dessins de façades et croquis d'une œuvre originale, tout cela va appartenir au propriétaire de la reproduction consentie par l'architecte.

Mais en outre, en France également, où l'architecte est responsable des vices de construction de l'œuvre pendant dix ans, admettre qu'il doit les originaux de tous ses dessins d'architecture au propriétaire, serait le priver de tout moyen de se justifier et de se défendre; et cela serait particulièrement injuste; puisque le vice, qui lui serait reproché, pourrait être le fait de l'entrepreneur ou provenir de toute autre cause indépendante de la volonté de l'architecte.

Notre système laisse intacte la distinction que font les auteurs dans le contrat de l'architecte avec son client, d'une part du contrat de louage, d'autre part d'un mandat. L'architecte accomplit le contrat de louage en mettant toute son expérience et tous ses soins à l'exécution de l'œuvre sur le terrain. D'autre part, il remplit le mandat, que lui a donné le propriétaire en passant avec les entrepreneurs et les fournisseurs des contrats dont il surveille l'exécution, et en réglant leurs mémoires. Son rôle d'artiste est en dehors de tout cela; et la détermination du contrat, telle que nous l'avons donnée, fait bien ressortir qu'en concédant au propriétaire la jouissance d'une reproduction sur son terrain de l'œuvre dessinée, l'architecte conserve tous les droits de propriété artistique : en un mot, ce qu'il concède à son client, c'est une jouissance analogue, quand l'œuvre a été exécutée, à celle que tire d'un bronze l'amateur qui a acquis une épreuve d'un objet d'art, ou, quand l'œuvre n'a pas été exécutée, une jouissance analogue à celle du possesseur d'un exemplaire d'une œuvre musicale.

De la sorte, nous estimons que le contrat conclu entre le propriétaire et l'architecte n'a pas pour but la vente par celui-ci d'une œuvre, mais l'exécution d'une reproduction. Dès lors l'architecte n'aura pas à subir les injustes conséquences de la jurisprudence française, qui décide dans un arrêt de 1842 ([1]) que la vente faite sans réserve transmet à l'acquéreur la pleine et absolue propriété de la chose vendue avec tous les droits et avantages qui s'y rattachent ou en dépendent. Nous avons vivement protesté à Milan contre la doctrine créée par cet arrêt et contre les législations qui décident que l'artiste doit stipuler tous les droits de propriété qu'il entend garder.

C'est l'inverse que doit décider toute législation équitable, et nous souhaitons vivement que ce principe entre bientôt dans toutes les lois sur la propriété artistique. L'architecte n'y aurait recours que dans le cas où il aurait eu le tort de livrer au propriétaire ses dessins originaux ou encore s'il les vendait à un tiers avant de les avoir reproduits.

Des relations des architectes avec l'État.

Il ne nous reste plus qu'un point à examiner : la solution que nous venons d'indiquer diffère-t-elle, lorsque l'architecte traite avec un particulier ou avec l'Etat?

Non, selon nous ; l'Etat n'est que la représentation d'une collectivité. Il ne stipule pas différemment des particuliers ; il jouit des mêmes droits dans les mêmes limites.

Toutefois il est admis que les édifices construits pour l'État ou pour un service public tombent dans le domaine public au fur et à mesure de leur construction ([2]).

Selon nous, cela ne peut arriver dans l'état de la jurisprudence française, qu'à défaut de stipulation contraire de l'architecte ([3]) ou à défaut par lui d'avoir publié son œuvre avant d'exécuter, pour l'État, la reproduction qu'il a concédée. Cela ne devrait arriver, si la législation était

---

(1) Arrêt Baronne Gros et Vallot contre Gavard (Cour de Cassation, 27 mai 1842).
(2) Aff. Saudinos Ritouret contre divers (jugement du Tribunal correctionnel de la Seine, 11e ch., 14 juin 1892. *Droit*, 17 juin 1892).
(3) Aff. Lesourd et Cie du Palais de l'Industrie contre Goupil et Masson (Cour de Paris, 5 juin 1855. Voir Rapport sur la propriété artistique au Congrès de Milan, pp. 6 et 12).

équitablement complétée à cet égard, qu'en vertu d'une stipulation formelle du contrat au profit de l'Etat.

Pour terminer ce rapide exposé, nous proposons au Congrès d'émettre des vœux, qui viendront compléter le système d'équitable protection adoptée par les Congrès de Madrid (1887) et de Milan (1892) jusqu'à ce qu'une législation uniforme vienne combler une lacune si préjudiciable aux droits des artistes.

Nous souhaitons que ces vœux soient promptement mis en pratique, et nous soumettons en conséquence à l'approbation du Congrès les résolutions suivantes :

1° *L'architecte est propriétaire des dessins d'architecture tracés par lui pour les œuvres qu'il a conçues.*

2° *Pour les œuvres qu'il a conçues, et dont il n'est pas appelé à surveiller l'exécution, il doit remettre au propriétaire une expédition seulement de ses dessins d'architecture.*

GEORGES HARMAND.

TOURS. — IMP. E. ARRAULT ET Cⁱᵉ, 6, RUE DE LA PRÉFECTURE.

ASSOCIATION LITTÉRAIRE ET ARTISTIQUE

INTERNATIONALE

(15° session)

Siège social : 17, rue du Faubourg-Montmartre, PARIS

CONGRÈS DE 1893

PROJET DE CONTRAT D'ÉDITION

RAPPORT DE M. EUG. POUILLET

On ne peut nier qu'il existe actuellement, dans nombre de pays, un mouvement d'opinion en faveur d'une loi réglant le contrat d'édition c'est-à-dire les rapports des auteurs et des éditeurs entre eux; après la loi hongroise de 1875, la loi suisse de 1889, il faut citer le projet proposé actuellement en Danemark, celui de lord Monkswel en Angleterre, et, en Allemagne, les projets de la *Société de la Bourse des libraires*, de l'*Association des écrivains allemands* et de M. le baron Biedermann, libraire à Leipzig. Tous ces projets sont le signe évident de l'intérêt que partout on attache à la question. Le mouvement existe également en France, où d'intéressants ouvrages sur le contrat d'édition ont été publiés dans le cours de ces dernières années; nous citerons en première ligne ceux de MM. Huard fils et Lardeur.

On a bien dit qu'une loi réglant les rapports des auteurs et des éditeurs n'avait pas de raison d'être en France, parce qu'il n'y existait, d'auteurs à éditeurs, aucune divergence de vues et qu'on ne pouvait citer de procès ayant jamais pu les diviser. L'éditeur qui parlait ainsi à la *Conférence du livre* à Anvers avait, il faut en convenir, une forte dose d'optimisme, mais cet optimisme n'est pas tout à fait d'accord avec les faits; il a pris son désir pour la réalité.

On a dit encore, à cette même conférence, qu'une loi était impossible à faire, parce qu'il serait toujours difficile, d'une part, de connaître exactement les désirs des éditeurs et des auteurs, et, d'autre part, de les mettre absolument d'accord les uns avec les autres, ce qui, par parenthèse, montre que l'optimisme dont nous parlions plus haut n'est pas partagé par tout le monde. Que la tâche soit ardue, délicate, c'est évident; qu'on ne puisse toucher du premier coup le but rêvé, il serait puéril de le méconnaître, mais les difficultés d'une entreprise doivent-elles la faire abandonner? On a dit aussi que le droit commun suffisait ; quel droit commun? Le contrat d'édition, tout le monde en est d'accord, ne constitue ni une vente, ni un louage, ni un mandat. Comment le droit commun pourrait-il s'appliquer ?

On a dit enfin qu'un bon contrat vaudrait toujours mieux qu'une loi générale, qui, par la force même des choses, ne pourrait jamais s'adapter à tous les cas particuliers. Il est vrai qu'un contrat fait pour chaque cas particulier sera toujours une excellente chose, et il n'est pas moins vrai que, si un contrat intervenait dans tous les cas d'édition, une loi générale n'aurait aucune utilité. Mais il n'en est pas ainsi; loin de là. D'abord, est-ce qu'un jeune auteur a l'idée de faire un contrat? Est-ce qu'il lui vient à l'esprit d'en demander un à l'éditeur qui consent à publier son premier ouvrage ? Vit-on jamais pareille audace ? La loi a précisément pour but de remédier à l'absence de contrat, et, eût-elle seulement cette utilité de rendre plus fréquentes les conventions entre auteurs et éditeurs, la loi aurait encore sa raison d'être. Au surplus, sur ce point, la discussion n'est plus ouverte; les Congrès de Venise en 1888, de Neuchâtel en 1891, ont donné mission à l'Association littéraire et artistique internationale de préparer un projet sur cette matière, et c'est ce projet, longuement élaboré par la commission dont j'ai l'honneur d'être le rapporteur, que nous avons l'an dernier présenté au Congrès de Milan, appelant la discussion, provoquant la contradiction, priant les auteurs et les éditeurs de tous les pays de nous dire leur sentiment sur toutes les questions soulevées, afin de mettre à profit les observations recueillies et de corriger les défectuosités inévitables de notre œuvre.

Notre appel a été entendu et le projet présenté au Congrès de Milan a été le point de départ d'un mouvement nouveau en faveur de l'élaboration d'une législation réglant les rapports des auteurs avec les éditeurs. Nous devons rappeler les remarquables travaux déposés à Milan sur le bureau du Congrès et émanant des jurisconsultes italiens les plus distingués, Moïse Amar, Auguste Ferrari. Nous avons eu la satisfaction de voir que, sur les points principaux, ces travaux étaient en parfait accord avec les sentiments de la commission. Depuis, en mai 1893, la société des éditeurs allemands a fait paraître un nouveau projet dont nous devons la communication à notre éminent collègue Nordau, mais qui, fait dans un esprit systématiquement favorable aux éditeurs, ne nous semble pas destiné à passer dans la pratique. Le propre d'un projet de contrat d'édition, surtout lorsqu'on souhaite de lui voir prendre le caractère d'une œuvre internationale, est de se tenir en dehors de tout parti pris et de maintenir dans la mesure du possible l'égalité des droits et des obligations entre les contractants.

Nous avions espéré apporter au Congrès de Barcelone un nouveau document: dans la discussion qui s'est engagée devant le Congrès de Milan, un des plus grands éditeurs de l'Italie, esprit ingénieux et admirablement prompt à la riposte, M. Trévès, s'était engagé, après avoir critiqué notre projet, à fournir lui-même un travail sur le même sujet; nous avions avec joie pris acte de sa promesse, nous déclarant prêts à l'étudier et disposés à corriger les imperfections et les erreurs que M. Trévès nous signalerait. Mais notre espoir a été déçu: le travail promis ne nous est pas parvenu. Nous revenons donc à Barcelone avec notre projet primitif; nous le rapportons tel qu'il était à Milan, du moins dans ses grandes lignes; car nous y avons fait, comme on s'en apercevra facilement, quelques modifications soit de rédaction, soit même de fond, inspirée par la discussion qui s'est engagée à Milan.

Mon rapport n'entrera pas dans le détail de toutes les dispositions que notre projet comporte ; j'en signalerai seulement les traits principaux, les grandes lignes. Il n'échappera à personne que nous avons tâché de tenir la balance égale entre l'auteur et l'éditeur, considérant qu'il doit exister entre eux une harmonie parfaite et que le génie du premier serait, dans la plupart des cas, bien empêché s'il ne pouvait compter sur l'activité et le dévouement du second.

D'abord, nous posons en principe que la loi ne règle le contrat d'édition qu'à défaut, par les parties, d'avoir fait entre elles des conventions ; les dispositions de la loi ne seront donc applicables, à notre sens, qu'en l'absence de convention ou dans le silence de la convention ; la loi, dans notre pensée, n'intervient que pour suppléer au défaut de contrat ou aux lacunes du contrat qui aura pu être fait. La loi que se sont faite les parties nous paraît, toutes les fois qu'on peut l'appliquer, de beaucoup la meilleure, parce qu'elle émane de leur volonté réfléchie et de leur libre consentement. Et, par cela même, quand la loi intervient pour suppléer à la volonté non manifestée des parties, nous pensons que son rôle doit être restreint au strict nécessaire. Nous proposons donc qu'il soit entendu que le contrat, qui naît de la loi, ne s'applique, en principe, qu'à une seule édition, dont tous les exemplaires doivent être identiques ; et, par cette expression *identiques*, nous voulons qu'il soit entendu que tous les exemplaires auront même format, même justification, seront du même type, avec ou sans illustrations, sans qu'il soit permis à l'éditeur, en dehors d'une convention, de faire les uns d'une façon, les autres d'une autre. Cette édition écoulée, chacune des parties reprend sa liberté.

L'obligation de l'auteur est de livrer à l'éditeur son œuvre complète, en état d'être publiée, et celle de l'éditeur est de la publier telle qu'elle lui est remise, sans pouvoir, sous aucun prétexte, y rien ajouter ni rien y changer. Il n'est fait d'exception que pour les œuvres de science ou de pédagogie, dont le premier mérite est d'être régulièrement tenues au courant des progrès de la science et des événements. Encore ces corrections ne doivent-elles en aucun cas changer le caractère de l'ouvrage, et l'éditeur doit-il, au cas où l'auteur n'a pas voulu ou n'a pas pu se charger de les faire lui-même, soigneusement distinguer le texte nouveau du reste de l'ouvrage. Il ne faut pas que le public puisse attribuer à l'auteur ce qui ne serait pas son œuvre.

C'est encore une obligation pour l'éditeur de publier dans un bref délai l'ouvrage qu'il a accepté d'éditer, et il doit être tenu de poursuivre l'impression, une fois qu'elle est commencée, sans interruption, de façon que rien ne retarde la mise en vente.

Pour l'auteur, il doit corriger les épreuves, et, après les corrections faites, fournir à l'éditeur son bon à tirer ; il ne pourrait tenir en quelque sorte indéfiniment en suspens, au grand dommage de l'éditeur, la publication de son ouvrage. Il peut, sur les épreuves, faire toutes les corrections qu'il juge à propos, à condition, bien entendu, de ne pas changer le caractère, la nature et le but de l'œuvre. La loi, pensons-nous, doit d'ailleurs fixer le nombre des épreuves qui sont dues à l'auteur, sauf à lui, s'il en veut davantage, à en supporter les frais.

Un point capital, c'est le tirage. Quelle en doit être l'importance? Quel sera le nombre des exemplaires? Comment le fixer et surtout qui le fixera? Sur ce point, la commission a longuement discuté. Si l'on recherche les habitudes de la librairie, il est à peu près impossible de se faire une opinion. Le nombre des exemplaires constituant une édition varie, on peut presque le dire, à l'infini, selon les pays, suivant les maisons, d'après la nature des ouvrages; on trouve des éditions de 500, de 600 exemplaires, on en trouve de 1,000, de 1,500 et même de 2,000. Il y a mieux : si, au lieu des éditions courantes de romans, de ces volumes dits en France à 3 fr. 50, on envisage les éditions d'ouvrages spéciaux s'imprimant en plusieurs couleurs, par exemple des atlas, le nombre des exemplaires d'une édition va de 10,000 jusqu'à 30,000, et ce nombre est justifié par la nécessité d'obtenir de l'imprimeur des prix relativement peu élevés. Déterminer un chiffre pour tous les cas, est manifestement impossible et même déraisonnable.

Certains membres de la commission ont proposé une formule générale ; on considérerait qu'une édition doit s'entendre du nombre d'exemplaires nécessaires pour couvrir les frais de fabrication de l'ouvrage et, en outre, pour assurer, tant à l'auteur qu'à l'éditeur, un certain bénéfice. Cette formule a l'avantage de répondre à tous les cas, et elle paraît sage autant que juste. L'éditeur doit, en effet, couvrir ses frais, ses débours ; il doit en outre tirer un certain bénéfice de l'opération ; et l'auteur de son côté, est présumé avoir voulu, en publiant son œuvre, obtenir, outre l'avantage tout immatériel de la publication, quelque avantage plus positif, un avantage pécuniaire ; seulement, la difficulté est de fixer l'importance du bénéfice à attribuer ainsi à l'auteur ou à l'éditeur; on a discuté de nouveau au sein de la commission, on a parlé de 10 et même de 15 0/0 pour chacun d'eux. Finalement, et, sauf peut-être à voir cette formule reprise devant le Congrès à titre d'amendement, la commission ne l'a pas introduite dans le projet. On a fait observer qu'en instituant le bon à tirer collectif, c'est-à-dire signé à la fois de l'auteur et de l'éditeur, l'occasion était fournie aux parties intéressées de s'entendre sur le chiffre du tirage, et qu'il suffisait d'obliger l'imprimeur à ne commencer le tirage que sur le vu d'un bon à tirer collectif précisant le nombre des exemplaires.

Ce bon à tirer collectif a cet autre avantage de constituer, pour l'auteur, un véritable contrôle au point de vue du tirage. Ce n'est pas que ce contrôle soit, dans la plupart des cas, nécessaire ; le contrat d'édition est un contrat de bonne foi ; l'écrivain doit faire confiance à l'éditeur, et, cette confiance, l'éditeur la mérite. Pourtant, on a vu quelquefois des éditeurs peu scrupuleux se laisser aller à majorer les tirages, et il faut reconnaître qu'il est difficile à l'auteur de les surveiller. Le bon à tirer collectif est une sauvegarde pour l'auteur ; la majoration des tirages, au mépris du bon à tirer collectif, exigerait la complicité de l'imprimeur. Nous croyons aux bons effets du bon à tirer dans ces conditions.

Le projet organise d'ailleurs comme un second contrôle en faveur de l'auteur ; le bon à tirer ne peut s'appliquer qu'au nombre des exemplaires sur lesquels porte le droit de l'auteur, qui seront vendus au public. Mais, en dehors de ces exemplaires, il y en a d'autres dont la distribution est gratuite : ce sont ceux destinés à la presse en vue de la publicité, ceux qui, au vœu de certaines lois, doivent être déposés, ceux qui sont remis gratuitement à l'auteur, ceux enfin qui, dans certains pays, constituent les mains de passe, et servent à remplacer les exemplaires gâtés en cours de fabrication.

Il est nécessaire que l'auteur sache exactement leur nombre pour être assuré que, sous prétexte de publicité ou de mains de passe, il n'y a pas eu, à son préjudice, majoration du tirage. Pour cela, l'éditeur est tenu de remettre à l'auteur une déclaration et de l'imprimeur et du brocheur constatant le nombre d'exemplaires réellement livrés par eux. D'une autre part, l'imprimeur doit inscrire sur ses livres les tirages effectués par lui et, quoique mis en mouvement par l'éditeur, il ne peut se refuser aux vérifications de l'auteur.

Ces moyens de contrôle, assurément très simples, sont de nature à éloigner de l'esprit de l'auteur jusqu'à l'ombre d'un soupçon nous ne dirons pas de fraude, mais de négligence, et maintiendront entre lui et son éditeur cette bonne harmonie nécessaire au développement et à la diffusion de l'ouvrage.

C'est encore une difficulté que de fixer le prix de vente des exemplaires ; il nous a semblé que cette fixation rentrait essentiellement dans le rôle commercial de l'éditeur qui est d'ailleurs tenu d'en informer immédiatement l'auteur.

En principe, il est dû des honoraires à l'auteur, et l'éditeur doit les lui payer au moment même de la mise en vente de l'édition, à moins bien entendu qu'il ne justifie que l'auteur y a renoncé. La loi, suivant en cela le droit commun, édicte en faveur de l'auteur une présomption que l'éditeur peut détruire par une preuve contraire.

Le projet de Milan proposait de fixer à 15 0/0 du prix fort le montant des honoraires dus à l'auteur. Cette disposition de la loi a été vivement critiquée et nous l'avons effacée. On a dit, non sans raison, que la loi ne pouvait entrer dans un pareil détail ; il suffit qu'elle pose en principe que des honoraires sont dus à l'auteur ; les parties se mettront ensuite d'accord pour en fixer le chiffre, qui dépend essentiellement de la nature de l'œuvre, de l'importance du tirage, et aussi des usages de la librairie. Si les parties ne se mettaient pas d'accord, les tribunaux les départageraient.

Il se peut que l'éditeur, en présence d'un insuccès, soit amené à solder l'ouvrage ; en ce cas, il doit en informer l'auteur qui, à prix égal, a la préférence sur les autres acheteurs.

Le choix de l'éditeur n'est pas indifférent au succès de l'ouvrage, et de là nous tirons une double conséquence : d'une part, l'éditeur, qui a accepté d'éditer un ouvrage, ne peut céder son droit à un tiers, sauf, bien entendu, à son successeur dans son fonds de commerce, c'est-à-dire à celui qui continue sa maison ; d'autre part, la faillite de l'éditeur dégage l'auteur de ses obligations envers lui, à moins que le syndic ne lui donne des garanties suffisantes pour l'exécution du contrat.

Le projet prévoit les cas où la résiliation du contrat d'édition s'impose, par exemple, lorsque, par cas fortuit, l'œuvre originale, non encore imprimée, ou l'édition prête à paraître vient à périr, mais on n'admet cette extrémité, si contraire à l'intérêt des parties, que si tous moyens d'assurer quand même la publication font défaut. Il est bien entendu d'ailleurs que, dans le cas où des exemplaires qui ont péri sont rétablis, l'éditeur ne doit pas à l'auteur doubles honoraires ; cela est tellement évident qu'il nous a paru superflu de le dire dans notre projet.

Pour les ouvrages consistant en illustrations, plans ou dessins, dont les épreuves constituent une lourde charge pour l'éditeur, nous proposons que les corrections de l'auteur et du graveur se fassent sur la même épreuve.

Nous croyons qu'il est juste de réserver à l'auteur la propriété de son manuscrit ou de son dessin original : lorsqu'il a fourni à l'éditeur son bon à tirer, celui-ci est en mesure de publier l'ouvrage tel que l'a conçu l'auteur, dans la forme définitive que lui ont donnée les corrections ; et on ne comprendrait pas que, par surcroît, il conservât la propriété du manuscrit ou du dessin, qui ont une valeur intrinsèque et tout à fait indépendante de la publication, seule raison d'être du contrat.

Tout en maintenant à l'auteur le droit de propriété littéraire, nous accordons à l'éditeur le droit de faire respecter cette propriété pendant la durée du contrat d'édition et, conformément à un principe admis dans toutes les législations, ce droit, l'éditeur l'exerce seul quand l'ouvrage est anonyme.

Le projet primitif imposait à l'éditeur la charge de remplir les formalités nécessaires pour assurer la conservation de la propriété littéraire à l'étranger, à moins qu'il n'en eût été dispensé par l'auteur ; ces formalités, disions-nous l'an dernier dans notre rapport, lui sont plus familières qu'à l'auteur ; il est mieux placé pour les remplir, et, du reste, l'édition étant destinée à circuler en tous pays, il profite lui-même de la protection légale, même à l'étranger. Après réflexion et nouveau débat au sein de la commission, nous avons purement et simplement supprimé cette disposition. Elle faisait peser sur l'éditeur une charge qui ne saurait, en toute justice, lui incomber. S'il croit utile à ses intérêts pour protéger à l'étranger la vente de l'ouvrage qu'il édite, d'y remplir les formalités légales, il sera libre de le faire ; l'auteur y trouvera son profit du même coup. Mais on ne peut perdre de vue que l'éditeur n'est pas investi de la propriété littéraire de l'œuvre qui reste bien à l'auteur ; l'éditeur, nous le disons un peu plus loin, n'a pas le droit de traduction, de sorte que, dans la plupart des cas, la protection à l'étranger lui est assez indifférente. La charge de veiller à ses propres intérêts incombe à l'auteur ; il peut sans doute par convention l'imposer à l'éditeur ; mais, en l'absence de convention, la loi ne peut faire peser sur l'éditeur une obligation et une responsabilité qui appartiennent à l'auteur.

Peut-être reprochera-t-on à la commission de n'avoir pas traité la question de savoir à qui, de l'auteur ou de l'éditeur, appartient le droit d'autoriser la traduction de l'ouvrage ; mais c'est parce que nous avons pensé que cette question était absolument en dehors du contrat d'édition ; le droit de traduction appartient, selon nous, exclusivement à l'auteur, qui, en cédant le droit d'éditer son œuvre, n'abandonne rien de son droit de propriété. D'ailleurs, comme le dit l'article 3 de notre projet, tous les exemplaires de l'édition doivent être identiques, et par conséquent dans le même idiome.

Le projet étend ses dispositions aux articles publiés dans les journaux et recueils périodiques ; il explique, ce qui ne semble guère susceptible de discussion, que les journaux ou revues n'acquièrent le droit d'édition que pour le numéro dans lequel paraît l'article et que l'auteur peut reproduire ailleurs son œuvre, à condition qu'un certain délai, qu'il nous a paru convenable de fixer à un mois, se soit écoulé depuis la première publication.

Il nous a paru enfin que la majoration des tirages, de la part de l'éditeur, constitue la contrefaçon et doit entraîner, au profit de l'auteur, toutes les conséquences civiles ou pénales prévues par la loi sans préjudice des dispositions pénales de droit commun, par exemple au cas où la contrefaçon serait doublée d'un abus de confiance ou d'une escroquerie.

Tel est, dans son ensemble et dans ses principales dispositions, le projet que l'Association littéraire et artistique internationale propose au Congrès de Barcelone ; nous ne nous dissimulons pas les imperfections de notre travail, mais nous espérons que, tel qu'il est, il pourra servir de base à une discussion sérieuse et deviendra le point de départ d'une législation internationale uniforme. Nous ne pouvons oublier et nous aimons à rappeler que la Convention d'union de 1886 est sortie du projet élaboré à Berne en 1883 par notre Association. L'entente internationale que nous avons réussi à réaliser pour la protection de la propriété littéraire et artistique, nous serions fiers de contribuer à la faire naître pour la réglementation des rapports entre auteurs et éditeurs de tous pays.

Au moment où notre rapport est imprimé, nous recevons du *Cercle des publicistes suédois* un très intéressant travail, que nous ne pouvons que mentionner ici sans qu'il nous soit possible de le soumettre à la commission dont tous les membres sont à présent dispersés. Ce travail sera déposé par nous sur le bureau du congrès de Barcelone. Qu'il nous soit toutefois permis de dire que quelques-unes des critiques de détail ou de rédaction que nous trouvons dans le rapport si complet du *Cercle des publicistes suédois*, trouvent leur réponse dans les explications données par le présent rapport dont le but est de préciser encore, s'il est nécessaire, le sens du texte. Il y a aussi des critiques de fond qui tiennent à des usages différents de la librairie en Suède, et il est naturellement trop tard pour que nous puissions les examiner et les discuter. Les rapporteurs, isolés de la commission, n'auraient pas compétence pour le faire. Ce sera l'affaire du Congrès. Mais les rapporteurs ont tenu à mentionner ce travail dans leur rapport, et, au nom de la commission qu'ils représentent comme au nom de l'association tout entière, ils adressent au *Cercle des publicistes suédois* et leurs remerciements et leur salut cordial.

Eug. POUILLET, *rapporteur général.*

OCAMPO,
HARMAND, } *rapporteurs.*

ASSOCIATION LITTÉRAIRE ET ARTISTIQUE

INTERNATIONALE

(15ᵉ session)

Siège social : 17, rue du Faubourg-Montmartre, PARIS

CONGRÈS DE 1893

PROJET DE LOI EN MATIÈRE DE CONTRAT D'ÉDITION

PRÉPARÉ PAR L'ASSOCIATION LITTÉRAIRE ET ARTISTIQUE

INTERNATIONALE

1. — A défaut de convention contraire, les rapports entre les auteurs et les éditeurs sont régis par les dispositions de la loi relative au contrat d'édition.

2. — Le contrat d'édition est une convention par laquelle l'auteur d'une œuvre intellectuelle s'engage à remettre cette œuvre à l'éditeur, qui, de son côté, s'oblige à la publier, c'est-à-dire à la reproduire et à la répandre à ses frais, risques et périls.

3. — Le contrat d'édition est consenti pour une seule édition dont tous les exemplaires doivent être identiques.

4. — L'auteur, quand l'œuvre aura déjà été publiée, en tout ou en partie, sera tenu d'en avertir l'éditeur avant la conclusion du contrat, à peine de résiliation et de dommages-intérêts s'il y a lieu.

5. — L'auteur est tenu de livrer à l'éditeur l'œuvre qui fait l'objet du contrat, complète et propre à sa reproduction.

Si l'œuvre doit paraître par parties séparées, l'auteur aura la même obligation pour chacune de ces parties.

A défaut de stipulation, le délai sera fixé par le juge après mise en demeure préalable.

6. — L'éditeur sera tenu de publier l'œuvre telle qu'elle lui est remise par l'auteur.

Toute modification, suppression ou addition, même sous forme de notes ou préface, non consenties par l'auteur, sont interdites.

Il en est de même si l'auteur vient à décéder avant ou après la remise de l'œuvre à l'éditeur.

Toutefois, il est fait exception pour les œuvres de science ou de pédagogie, qui pourront être tenues au courant des progrès de la science ou des programmes de l'enseignement, à condition que ces corrections ne puissent changer la nature, l'importance, l'esprit ou le but de l'œuvre. Ces corrections, quand l'auteur aura refusé de les faire lui-même, devront être clairement distinguées du reste de l'ouvrage.

7. — L'éditeur doit en principe commencer l'impression aussitôt après la remise définitive de l'œuvre ou des parties de l'œuvre si l'œuvre paraît par parties.

A défaut par l'éditeur de l'avoir fait, l'auteur aura le droit de reprendre son œuvre sans préjudice des dommages-intérêts qui pourraient lui être dus.

L'impression une fois commencée doit être continuée sans retard.

8. — L'auteur est tenu de corriger les épreuves et de les retourner à l'éditeur dans le plus bref délai possible. Il aura le droit d'avoir deux épreuves en placard et deux de mise en page ; ces épreuves sont aux frais de l'éditeur.

Chaque épreuve devra être remise en double exemplaire à l'auteur, qui pourra en conserver un.

L'auteur pourra faire sur les placards telles modifications et remaniements qu'il jugera nécessaires.

Il pourra, sans aucune indemnité pour l'éditeur, tenir l'œuvre au courant des progrès de la science.

Il aura le droit de demander des épreuves supplémentaires et de faire après la mise en page telles modifications et remaniements qu'il jugera nécessaires, à charge par lui de payer les frais imprévus qu'il imposerait par là à l'éditeur.

L'éditeur conserve d'ailleurs la faculté de s'opposer aux changements qui modifieraient la nature, l'importance, l'esprit ou le but de l'œuvre.

9. — L'auteur est tenu de fournir à l'éditeur son bon à tirer, à peine de résiliation avec dommages-intérêts s'il y a lieu.

10. — Le tirage sera effectué par l'imprimeur sur le vu d'un bon à tirer précisant le nombre d'exemplaires à imprimer et signé de l'auteur et de l'éditeur.

Le bon à tirer sera conservé par l'éditeur, qui devra le représenter à l'auteur à toute réquisition.

Le bon à tirer ne comprend pas : 1° les exemplaires destinés à la publicité ou, le cas échéant, au dépôt légal ; 2° les exemplaires dus gratuitement à l'auteur ; 3° les exemplaires destinés à remplacer ceux qui seraient gâtés en cours de publication, leur nombre ne pouvant en aucun cas dépasser cinq pour cent du tirage convenu.

L'éditeur devra se faire remettre par l'imprimeur et le brocheur une déclaration contenant le chiffre exact des exemplaires livrés, et il transmettra cette déclaration à l'auteur dans les quarante-huit heures de la livraison.

L'imprimeur, d'autre part, doit inscrire sur ses livres le nombre des exemplaires de chaque ouvrage tirés par lui et il ne peut refuser de donner à l'auteur, pour lui permettre son contrôle, l'état des livraisons faites.

11. — L'auteur aura seul le droit de déterminer les qualités et qualifications qu'il lui convient de prendre en vue de la publication.

L'éditeur, même au cas où l'auteur lui aurait cédé tous ses droits, ne pourra jamais changer ces qualités ou qualifications sans le consentement formel de l'auteur, soit dans la publication, soit dans les annonces faites en vue de la publication.

12. — Le prix de vente, à défaut d'accord entre les parties, sera fixé par l'éditeur qui le fera connaître immédiatement à l'auteur.

13. — Des honoraires sont dus à l'auteur toutes les fois qu'il n'y a pas renoncé d'une manière expresse ou tacite.

Ils doivent être réglés en totalité lorsque l'édition est mise en vente.

14. — La publicité est faite aux frais et risques de l'éditeur, à charge par lui d'en faire connaître l'étendue à l'auteur.

L'auteur, outre les exemplaires gratuits auxquels il a droit, pourra toujours se faire remettre d'autres exemplaires, en tenant compte de leur prix à l'éditeur, déduction faite de la plus forte commission consentie par celui-ci.

15. — L'éditeur ne pourra céder qu'à son successeur les droits qu'il tient du contrat d'édition.

16. — En cas de vente en solde des exemplaires restés en magasin, l'éditeur sera tenu d'en avertir l'auteur, qui pourra exercer un droit de préemption.

17. — En cas de déclaration de faillite de l'éditeur, l'auteur peut demander la résiliation, s'il ne reçoit pas du syndic des garanties suffisantes pour l'exécution du contrat dans son intégralité, à charge par lui d'offrir le remboursement des dépenses utiles faites pour la publication de l'œuvre.

18. — Le contrat d'édition est résilié de plein droit :

1° Quand la publication tombe sous le coup d'une loi pénale votée postérieurement à la formation du contrat ;

2° Quand l'œuvre originale périt par cas fortuit ; toutefois, s'il est établi que l'auteur possède un second exemplaire de son œuvre, il sera tenu de le remettre à l'éditeur dans le plus bref délai.

19. — Lorsque l'édition prête à paraître périt par cas fortuit, en tout ou en partie, l'éditeur est tenu de rétablir les exemplaires détruits.

S'appliqueront en ce cas, s'il y a lieu, les dispositions prévues ci-dessus relativement à la remise par l'auteur d'un second exemplaire de l'œuvre, s'il en possède un.

20. — L'auteur est tenu d'assurer à l'éditeur la libre jouissance des droits cédés. Il ne peut rien faire qui soit de nature à nuire à l'écoulement de l'œuvre.

Toutefois, l'auteur pourra, dans le cas où les 19/20 de l'édition concédée seront écoulés, en faire préparer une nouvelle.

21. — Quand l'éditeur a acquis le droit de faire une ou plusieurs rééditions, toutes les stipulations relatives à la première édition sont applicables aux rééditions suivantes.

L'éditeur est tenu de préparer l'édition nouvelle aussitôt que les 19/20 de la précédente sont écoulés.

22. — L'éditeur devra prévenir l'auteur dans le cas où il ferait tirer l'œuvre au moyen de planches stéréotypées. L'auteur, toutefois, ne pourra jamais être privé, pour les éditions à tirer avec ces planches, du droit de modification et de remaniement prévu à l'article 8.

23. — Le contrat d'édition s'applique tant au livre avec dessins ou figures qu'aux figures ou dessins sans texte, qu'il s'agisse d'illustrations, de plans, de dessins d'architecture, de cartes ou de figures scientifiques, techniques ou autres.

Les épreuves seront tirées en double exemplaire. L'auteur des illustrations, plans, dessins d'architecture, de cartes ou figures aura droit concurremment avec le graveur à autant d'épreuves qu'il sera nécessaire pour la bonne reproduction.

Les corrections de l'auteur et du graveur, ainsi que leur bon à tirer, se feront sur la même épreuve.

24. — L'auteur reste propriétaire du manuscrit comme du dessin original destiné à être reproduit; il conserve les droits de propriété littéraire et artistique, sauf ce qui sera dit à l'article suivant.

25. — L'éditeur a le droit, jusqu'à l'expiration du contrat, de faire respecter la propriété littéraire ou artistique de l'œuvre sans préjudice du droit personnel appartenant à l'auteur.

Quand l'œuvre est anonyme et aussi longtemps que l'auteur ne se fait pas connaître, l'éditeur est seul investi, vis-à-vis des tiers, de tous les droits résultant de la propriété littéraire et artistique.

26. — Les relations des auteurs et éditeurs ou directeurs de journaux ou publications périodiques sont réglées par les dispositions relatives au contrat d'édition (art. 1, 3, 4, 5, 6 § 1, 2 et 3, 9, 11, 13 § 1, 15, 17, 18, 20 § 1, 21, 23, 24 et 25).

L'éditeur ou directeur n'a le droit de reproduire les articles ou les œuvres qui lui sont confiés que dans le numéro du journal ou de la publication périodique pour lequel ils lui sont remis ou dans lequel ils paraissent.

Ces articles ou œuvres ne peuvent être reproduits par leur auteur avant l'expiration d'un délai qui ne pourra être moindre d'un mois à compter de leur complète publication.

Il en est de même pour les dessins et suites de dessins.

27. — L'éditeur qui tirera un nombre d'exemplaires supérieur à celui qui est fixé par le bon à tirer, par la déclaration prévue à l'article 10, ou par la convention des parties, sera déclaré contrefacteur pour les exemplaires dépassant ce nombre, sans préjudice des dispositions pénales de droit commun, qui pourraient lui être appliquées.

TOURS. — IMP. E. ARRAULT ET Cie, 6, RUE DE LA PRÉFECTURE.

ASSOCIATION LITTÉRAIRE ET ARTISTIQUE

INTERNATIONALE

(15e session)

Siège social : 17, rue du Faubourg-Montmartre, PARIS

CONGRÈS DE 1893

RAPPORT

SUR LA

PROPRIÉTÉ ARTISTIQUE EN MATIÈRE DE PORTRAIT

PAR

M. Albert VAUNOIS

Docteur en droit, avocat à la cour d'appel de Paris.

On a souvent contesté à l'artiste le droit exclusif de reproduire son œuvre, surtout après la vente de l'original; mais jamais la négation de ce droit ne s'est produite avec plus de violence que lorsqu'il s'est agi de portraits.

On considère, dans ce cas, comme une violation de la personnalité, comme un empiètement sur la volonté lésée, comme une offense aux pensées les plus intimes le fait de celui qui s'empare des traits de son voisin et en multiplie l'image sans l'aveu de ce dernier ; on s'indigne contre le peintre qui peut nous clouer ainsi au pilori, contre le photographe qui saisit au vol une expression fugitive ou un geste furtif et le rend irrémédiable, contre le dessinateur qui est maître de nous donner l'immortalité du ridicule.

Parmi les législations qui ont proclamé *que l'aliénation d'une œuvre d'art n'entraînait pas en principe, pour son auteur, aliénation du droit de reproduction,* la plupart ont admis une exception relative aux portraits.

Pour nous qui cherchons uniquement, sans nous soucier des résistances que les législateurs ont à respecter, les textes d'une loi idéale et destinée à l'avenir, devons-nous ici nous incliner sans protestation ?

Le Congrès de Milan a posé une règle générale en 1892 : « Il est à désirer qu'il soit stipulé dans le traité d'union que l'aliénation d'une œuvre d'art n'entraîne pas par elle-même aliénation du droit de reproduction, lequel reste la propriété de l'artiste, sans que toutefois celui-ci, pour exercer son droit, puisse troubler dans sa possession le propriétaire de l'œuvre. » (2° Résolution du Congrès de Milan). Faut-il modifier ou compléter cette règle ? Le portraitiste sera-t-il rangé dans une classe à part ? Dans quelles limites son droit sera-t-il tenu en échec par des considérations de personnes, de famille et de sentiment ?

Ceux qui prétendent que l'auteur d'un portrait ne peut jamais reproduire sa composition sans l'assentiment de la personne représentée, invoquent un seul motif : ils allèguent la propriété de l'homme sur lui-même, droit imprescriptible et sacré, inaliénable. Ils en concluent que chaque individu est souverain juge de savoir s'il convient d'exhiber, de reproduire ses traits et sa physionomie; l'autorisation qu'il donne à un peintre est révocable à son gré, sans indemnité, sans explication, sans motif.

Or, il nous semble que la propriété de l'homme sur lui-même n'est pas en cause (1) et qu'en cette matière deux principes seulement sont en jeu : le respect de la personnalité humaine, la liberté des conventions.

La civilisation, la société, l'existence des hommes en commun ont leurs lois fatales. On ne sort plus dans la rue avec un masque sur le visage ; on ne dissimule plus sa physionomie à ses voisins; quiconque vit en public est voué à une certaine publicité : la liberté de chacun limite celle d'autrui dans les bornes déterminées par le législateur.

Certes, on peut défendre contre les atteintes étrangères sa personne, sa vie et ses idées. On recourt au gendarme contre un assassin, aux magistrats contre les insulteurs. Voilà tout. La liberté de la presse réglementée par les Codes est la mesure de la publicité que chaque citoyen est tenu de subir sans se plaindre.

Si cela est vrai, le portrait physique des tiers sera permis dans les mêmes limites que le portrait moral est licite pour le livre, que la discussion des actes ou des opinions est autorisée pour le journal (2)

Que l'œuvre originale appartienne à l'artiste, à la personne représentée ou à un tiers, le droit de l'auteur reste intact en principe.

Bien entendu il faut avant tout réserver les conventions privées. Cette remarque a son importance en ce qui concerne les portraits faits sur commande. Celui qui commande son portrait à un peintre, à un photographe, fait avec l'artiste une convention tacite, mais reconnue

(1) Peut-être conviendrait-il de demander d'abord à nos adversaires ce qu'il faut entendre par les mots « Propriété de l'homme sur lui-même » On verrait alors si cette expression est juste, si elle désigne une véritable propriété, sur quoi porte le droit ainsi qualifié, quelle en est l'étendue, et si ce droit est inconciliable avec la liberté de l'art.
(2) V. *Observations*, dans les *Annales de la Propriété Industrielle, Artistique et Littéraire*, 1888, page 283, et article de M. Amar dans le *Droit d'auteur*, de Berne, 1893, page 10.

par des usages universels. Le contrat constitue-t-il une vente ou un louage d'ouvrage? Peu importe. L'auteur du portrait consent d'avance à ne pas reproduire son œuvre, à ne pas l'exposer en public sans le consentement du modèle. Il y a lieu de consacrer cet accord L'artiste conserve virtuellement son droit ; mais ce droit est paralysé ; l'exercice en est subordonné à l'agrément d'un tiers.

Ce tiers, d'après les législations d'Allemagne et de Hongrie, sera l'auteur de la commande. L'auteur de la commande peut cependant n'être qu'un parent ou un ami ; son avis ne sera pas toujours conforme à celui de la personne représentée. Nous préférons donc le principal intéressé et, à son défaut, les membres les plus proches de la famille.

La loi belge limite à vingt ans après la mort de la personne représentée le droit de *veto* des héritiers. Nous croyons qu'il vaut mieux ne pas préciser de durée et, en revanche, au lieu de la classe trop large des « héritiers », ne permette l'intervention que des ascendants, des enfants et des petits-enfants.

L'hypothèse du portrait commandé une fois réglée de façon à ménager les sentiments intimes et les intérêts de famille, nous rentrons dans la règle générale : liberté de l'artiste proclamée dans les limites légales, tant qu'elle ne porte pas atteinte à la réputation et au droit d'autrui.

* *

Qu'on nous permette, pour mieux préciser notre pensée, d'examiner deux cas particuliers :

1º *Portrait fait, non pas sur commande, mais avec l'autorisation de la personne représentée et à la sollicitation de l'artiste.* Il est question d'un personnage historique ; d'un homme célèbre ; c'est le pape, c'est un président de république, un écrivain fameux, ou simplement une actrice connue. L'artiste sachant que la notoriété du modèle profite à l'œuvre, va trouver cette personne et obtient la permission de faire le portrait. Le tableau est évidemment destiné à l'exhibition publique, à la gravure et à la photographie. Le peintre a compté sur la diffusion des copies pour répandre sa renommée. Il serait illogique, peu conforme à l'intention présumée des parties de ne pas reconnaître à l'auteur son droit de reproduction. Ce droit ne cèdera que devant une réserve formelle dans l'autorisation de la personne représentée.

2º *Compositions d'histoire et dessins d'actualité.* C'est ici que les droits de l'histoire, de la discussion et de la critique doivent être par-dessus tout sauvegardés. David a retracé le *Serment du Jeu de paume*, la *Distribution des Aigles* et le *Couronnement de Napoléon Ier* ; tous les peintres d'histoire ont brossé des tableaux officiels ; les journaux illustrés font assister leurs lecteurs aux revues des corps d'armée et aux émeutes qui bouleversent une ville. Admettrait-on qu'un général ou même un simple soldat mécontent de son rôle fît dénaturer son portrait dans une scène de ce genre ? qu'un chambellan protestât contre les rides de son visage trop fidèlement imitées ? qu'un orateur représenté à la tribune dans une assemblée parlementaire interdît au dessinateur le compte-rendu figuratif de la séance ?

Tout le monde sera d'accord avec nous sur ce point. Nos adversaires, pour justifier cette solution, contradictoire avec leurs principes, prétendent que les compositions d'ensemble ne peuvent être assimilées aux portraits et que les restrictions applicables à ceux-ci ne s'étendent pas à celles-là.

Mais les tableaux d'ensemble se composent de détails; les groupes de personnages sont formés par des têtes juxtaposées ; une scène reproduite exactement offre de toute nécessité une accumulation de ressemblances, c'est-à-dire de portraits. Le droit imprescriptible de la personne représentée, — si l'on est partisan du système que nous avons combattu, — doit pouvoir s'exercer partout où cette personne sera reconnaissable, au milieu d'un désert, ou dans la confusion d'une multitude. Les grands tableaux historiques de David, auxquels nous faisions allusion, contiennent une succession, une galerie de portraits presque tous de grandeur naturelle. Admettre en cette hypothèse la liberté de l'artiste, c'est renoncer, comme nous le demandons, à la théorie de la propriété absolue de l'homme lui-même. Il est donc utile de préciser des règles qui puissent relier et résoudre toutes les questions particulières.

VŒUX PROPOSÉS

1° L'aliénation d'une œuvre d'art n'entraîne pas par elle-même l'aliénation du droit de reproduction, même quand il s'agit d'un portrait.

2° Néanmoins en cas de commande, l'artiste ne peut exercer son droit qu'avec le consentement de la personne représentée. A défaut de la personne représentée, le droit de celle-ci passe aux ascendants et descendants jusqu'au second degré.

3° Les compositions d'histoire ou d'actualité contenant des portraits ne sont subordonnées à aucune autorisation.

ALBERT VAUNOIS \
LUCIEN LAYUS } *Rapporteurs.* \
JEAN LOBEL

TOURS. — IMPRIMERIE E. ARRAULT ET Cⁱᵉ, 6, RUE DE LA PRÉFECTURE.

ASSOCIATION LITTÉRAIRE ET ARTISTIQUE

INTERNATIONALE

(15° session)

Siège social : 17, rue du Faubourg-Montmartre, PARIS

CONGRÈS DE 1893

Du mouvement législatif en matière de droits intellectuels chez les peuples de langue espagnole ou portugaise.

I

Il existe, à notre époque, un mouvement incontestable vers une consécration de jour en jour plus complète du droit des auteurs et des artistes ; des rapports annuellement présentés au sein des Congrès tenus par l'Association littéraire et artistique internationale vous ont tenu au courant de ce mouvement de l'opinion. Nous voudrions vous montrer aujourd'hui la part qu'y ont prise les peuples de langue espagnole ou portugaise.

Le principal honneur en revient à l'Espagne, qui, par sa loi du 10 janvier 1879 (1), a réalisé en principe tous les *desiderata* raisonnablement formés par les auteurs et par les artistes ; l'éloge de cette loi a été si fréquemment fait au sein de nos Congrès qu'il y aurait banalité à en vanter les mérites ; les faits d'ailleurs se chargeront eux-mêmes de nous dire quelle est l'excellence de cette loi ; plusieurs Républiques de langue espagnole se sont inspirées dans leurs lois de celle de 1879 ; c'est dire l'influence considérable qu'elle a exercée et qu'elle est encore susceptible d'exercer.

C'est ainsi que la Colombie, dans sa loi du 26 octobre 1886 (2) a, peut-on dire, calqué les dispositions de la loi espagnole.

---

(1) Nous nous sommes particulièrement servis, pour la préparation de ce travail, du recueil des lois sur la propriété littéraire et artistique de MM. Ch. Lyon-Caen et G. Delalain ; on y trouvera facilement les lois et conventions dont nous avons indiqué la date ; nous ne fournirons, en principe, de développement que sur les textes qui, soit par oubli, soit à raison de leur date, ne se trouvent pas dans ce recueil.

(2) V. encore sur la législation de cet Etat, C. civ., éd. de 1888, art. 671 ; C. pénal de 1890, art. 858 à 860 ; L. 153 de 1887. La Colombie a conclu, le 28 novembre 1885, un traité de réciprocité avec l'Espagne : les intéressés n'ont à remplir aucune formalité autre que celle que peut prescrire la législation du pays d'origine, le droit de traduction est placé sur la même ligne que celui de reproduction.

Il faut reconnaître, d'ailleurs, que certaines législations des républiques de l'Amérique se sont montrées plus libérales encore que la loi espagnole ; trois d'entre elles ont expressément consacré la perpétuité du droit des auteurs : ce sont le Guatémala (décret-loi du 29 octobre 1879), le Mexique (sous certaines distinctions, C. civ. de 1884, art. 1130 à 1271) (1), le Vénézuéla (l. du 12 mai 1887 ; *adde* C. civ. de 1880, art. 450) (2).

Il y a peut-être lieu de comprendre dans la même catégorie les pays qui ne possèdent pas de loi spéciale sur la matière, mais qui, soit dans leur constitution, soit dans leur code civil, se sont bornés à poser le principe du respect dû aux droits des auteurs et des artistes ; en l'absence de toute limitation particulière, il semble difficile que ces droits ne soient pas perpétuels. V. à ce sujet, République argentine (const. de 1860, art. 17, *adde* Projet de code pénal élaboré en vertu d'un décret du 7 juin 1890, art. 221 et s.) ; Honduras (C. civ. de 1880, art. 663) ; Salvador (C. civ. de 1880, art. 663) (3) ; Uruguay C. civ. de 1868, art. 443) (4).

Cependant, il faut observer que de ces textes, les uns disent que la pro-

---

(1) On cite ordinairement pour le Mexique le Code civil de 1871 ; c'est là une erreur ; il est vrai que les 142 articles (1130-1271) du Code de 1884 reproduisent sans grand changement la plupart des 143 articles de l'ancien Code (art. 1245-1387), il existe cependant entre chacun des deux textes des différences dont nous allons relever les principales : nous ne parlerons pas de la disparition des mesures purement transitoires (art. 1377 et 1378 anciens) ni du fait que, pour les œuvres musicales, le dépôt doit être actuellement de deux exemplaires et non pas seulement d'un exemplaire (art. 1236 et 1239 nouv. ; art. 1351 et 1354 anciens). Rappr. encore le nouvel article 1248 de l'ancien article 1364 pour ce qui est des mentions à mettre en tête des œuvres littéraires et en un endroit apparent des œuvres artistiques ; mais il y a lieu de constater que l'ancien article 1359, qui punissait d'une amende le défaut de dépôt n'a pas d'équivalent dans le texte nouveau et surtout que les nouveaux articles 1260 et 1262 accordent à l'auteur, au traducteur et à l'éditeur la faculté de limiter la durée de la propriété de leurs œuvres, etc., etc. Il peut être bon de faire remarquer que le Code civil de 1884, comme d'ailleurs celui de 1871, n'est exécutoire en principe que dans le district fédéral et dans le territoire de la Basse-Californie, mais que cependant ses dispositions, relatives aux droits des auteurs et des artistes, sont obligatoires dans toute l'étendue du Mexique, comme constituant la réglementation prévue à l'article 4 de la constitution du 12 février 1857 (art. 1387 ancien, art. 1271, nouveau). D'après le nouvel article 1233 C. civ. (art. 1348, ancien), le contrefacteur est punissable des peines portées par le Code pénal en matière de fraude : il peut donc être bon de savoir que, d'après l'art. 432 du Code pénal du 7 décembre 1871 (en vigueur depuis le 1er avril 1872), « toute fraude qui n'est pas expressément prévue dans ce chapitre ou dans le suivant, sera punie d'une amende égale à 25 0/0 des dommages et pertes qui auront été causés, mais sans que l'amende puisse dépasser 1,000 piastres. » Le Mexique n'a, à notre connaissance, conclu qu'un seul traité, c'est celui du 17 novembre 1886 avec la France ; il se réduit à la clause de la nation la plus favorisée.

(2) Le Vénézuéla a conclu un traité de réciprocité avec le Salvador ; nous ignorons si les ratifications ont été échangées. V. *Droit d'Auteur*, 1893, p. 440.

(3) Cet État, qui ne tardera peut-être pas à faire partie de l'Union de Berne, a conclu un traité de réciprocité avec la France (2 juin 1880) et un autre avec l'Espagne (23 juin 1884) : dans chacun de ces traités, les droits reconnus aux auteurs et aux artistes leur survivent pendant cinquante ans ; cette stipulation peut être interprétée en ce sens que, dans la République du Salvador, la propriété intellectuelle n'est pas perpétuelle ; si elle était, en effet, perpétuelle, on aurait, semble-t-il, rencontré, dans le traité de ce pays avec l'Espagne, le délai de quatre-vingt ans. Quant au traité du Salvador avec le Vénézuéla V. la note précédente.

(4) L'Uruguay vient, par une loi du 5 octobre 1892, de ratifier le traité de Montevideo dont il sera question plus loin.

priété littéraire et artistique est régie par des lois spéciales, les autres qu'elle existe pendant la durée fixée par la loi ; cela étant, il peut paraître contraire à l'intention du législateur de traiter cette propriété comme la propriété de droit commun et de la déclarer perpétuelle.

Quoiqu'il en soit, il est incontestable que le parti que l'on croira devoir prendre à l'égard des législations de cette espèce, devra être également suivi à l'égard de la législation du Costa-Rica ; ce pays que l'on classe ordinairement sur la même ligne que le Nicaragua, c'est-à-dire que l'on considère comme ne possédant point de dispositions législatives en matière de droits intellectuels, est en effet régi par un Code pénal du 27 avril 1880, imité de celui du Chili et dont l'article 496, qui ne fait aucune distinction tirée de la durée, punit, de *presidio interior* (1), d'emprisonnement ou d'une amende de 101 à 600 piastres, toute faute commise en matière de propriété littéraire.

Il en est de même au regard du Paraguay ; dans ce pays, en effet, la constitution du 24 novembre 1870 (art. 19) déclare que tout auteur a la propriété exclusive de son œuvre pendant la durée fixée par la loi et le Code pénal du 21 juillet 1880 qui s'occupe de nos questions ne contient aucune indication quant à la durée de protection ; quoiqu'il en soit, les dispositions de ce Code pénal, utiles à connaître, sont les suivantes : D'après l'article 342, celui qui publie une œuvre littéraire sans le consentement de son auteur, sera puni d'une amende de 25 à 250 piastres fortes, s'il n'a encore émis aucun exemplaire ; dans le cas contraire, l'amende sera doublée, sans préjudice de la confiscation ; seront passibles des mêmes pénalités ceux qui, sans le consentement de l'auteur, représenteront ou feront représenter une œuvre dramatique ou publieront les inventions d'autrui en sciences ou en arts ; ces diverses pénalités sont complétées par les dispositions de l'art. 68 du Code pénal d'après lesquelles toute personne responsable d'un délit au point de vue pénal l'est aussi au point de vue civil.

Mais, au Brésil, bien qu'il n'existe pas de loi spéciale et que le Code pénal de 1890 (art. 342 à 351, *Ann. prop. ind.* 1893, p. 137) soit aussi le texte principal à consulter, la durée des droits intellectuels est nettement déterminée ; ceux-ci subsistent pendant dix ans après la mort de l'auteur. Cette législation est libérale : le droit de traduction est mis sur la même ligne que celui de reproduction ; les arrangements sont interdits et la notion de la contrefaçon est entendue d'une manière très large. Nous pensons, étant donné les termes généraux employés, que le bénéfice de ces articles du Code pénal pourrait être utilement invoqué par les étrangers comme par les Brésiliens ; tel n'est cependant pas l'avis général : on tire argument, en ce dernier sens, de l'art. 72 § 26 de la constitution brésilienne du 24 février 1891 ; d'après le paragraphe initial de cet article, « la constitution assure aux Brésiliens et aux étrangers résidant dans le pays l'inviolabilité des droits relatifs... à la propriété, » et le § 26 de ce même article comprend expressément

---

(1) On ne saurait traduire ce terme par celui de transportation ; le *presidio interior* est un emprisonnement avec travail forcé. Au surplus, qu'il s'agisse de *presidio interior* ou d'emprisonnement, ces peines ne peuvent être appliquées, au cas de contrefaçon, que dans leur degré inférieur (V. Lyon-Caen et Delalain, t. 2, p. 59).

parmi ces droits le droit exclusif de reproduction des œuvres littéraires ou artistiques.

Il est impossible de déduire la conséquence indiquée de ce texte constitutionnel; sans doute celui-ci consacre une différence entre, d'une part, les Brésiliens et les étrangers résidant dans le pays et, d'autre part, les étrangers qui habitent à l'étranger, mais elle n'est pas aussi considérable qu'on l'a prétendu ou qu'on s'est laissé aller à l'admettre; la différence consiste uniquement, selon nous, en ce que, et il y a presque naïveté à le dire, les droits des auteurs qui appartiennent à la première catégorie sont consacrés en vertu d'une disposition constitutionnelle, tandis que les autres ne reposent que sur un texte d'ordre législatif ordinaire; cette distinction est utile à constater en ce que la procédure à suivre pour la révision de la constitution est plus compliquée (art. 90 de la constitution) que pour la modification des lois ordinaires; mais là se borne l'intérêt de la distinction et nous ne saurions admettre que la promulgation postérieure de la constitution de 1891 ait eu pour effet de restreindre la portée des dispositions si générales du Code pénal de 1890; s'il en était ainsi, il faudrait admettre en même temps, ce que personne n'est disposé à admettre, que comme la constitution ne parle que du droit de reproduction, les articles du Code pénal relatifs aux droits de représentation et d'exécution se sont par là même trouvés tacitement abrogés. (V. Darras, de l'état actuel du droit des auteurs étrangers en France et des auteurs français à l'étranger, *Journal du droit international privé*, 1893, VII-X, n. 98 et s.).

Le Brésil a signé, le 9 septembre 1889, un traité de réciprocité avec le Portugal, et le 31 janvier 1891 un autre traité avec la France; le premier est en vigueur; pour l'autre, il a soulevé au Brésil de nombreuses critiques et son examen y a été ajourné *sine die*.

Les autres Etats dont il nous reste à parler possèdent une législation spéciale; on en trouvera la traduction dans le recueil de MM. Ch. Lyon-Caen et Delalain; nous nous contenterons donc d'indiquer la date des textes en vigueur : Bolivie (D. 13 août 1879) (1); Chili (L. 24 juillet 1834, C. pénal, art. 471, C. civ. de 1855, art. 584); Equateur (L. 3 août 1887, const. du 13 février 1884, art. 27); Pérou (L. 3 novembre 1849, const. de 1860, art. 26); Portugal (C. civ. de 1867 art. 570 à 612, C. pénal de 1886, art. 457, 458 et 460) (2).

II

Tel est, dressé aussi exactement que possible, le tableau de la législation des peuples de langue espagnole ou portugaise; le présent n'est

---

(1) La Bolivie a conclu avec la France un traité de réciprocité en date du 8 septembre 1887 (*Journal du droit international privé*. 1890, p. 992); les auteurs français sont ainsi, quant au droit de traduction, assimilés aux auteurs boliviens et, à la différence des autres auteurs étrangers, ils sont garantis contre toute traduction de leurs œuvres non pas seulement pendant dix ans à partir de la première publication, mais pendant leur vie et cinquante ans après leur mort. V. Darras, de l'état actuel, etc. *Journal du droit international privé*, 1893, VII-X, n. 97.

(2) Le Portugal a signé des conventions avec la Belgique (11 octobre 1866); le Brésil (9 septembre 1889); l'Espagne (9 août 1880) et la France (11 juillet 1866).

pas trop fâcheux, bien que les intéressés n'en tirent pas toujours tout le parti possible ; on peut espérer d'ailleurs qu'un avenir prochain apportera une notable amélioration à cet état de choses ; nous n'en voulons pour preuve que l'esprit dont étaient animés ceux qui participèrent aux Congrès ou Conférences de Guatémala (1887), de Lisbonne (22 avril-1er mai 1888), de Montevideo (25 août 1888-18 février 1889), de Madrid (24 octobre-16 novembre 1892).

Le Congrès diplomatique de Guatémala, qui comprenait des délégués des cinq États composant l'Amérique centrale (Costa-Rica, Guatémala, Honduras, Nicaragua et San Salvador) élabora un traité de paix, d'amitié et de commerce dont l'article 20 est ainsi conçu : « Les ressortissants de l'une des républiques signataires jouiront dans les autres républiques du droit de propriété littéraire, industrielle ou artistique dans les mêmes conditions et seront soumis aux mêmes conditions que les nationaux. » Les circonstances politiques se sont opposées à la ratification du traité du 17 février 1887.

Au Congrès de Lisbonne on a voté, sur le rapport de D. Manuel Danvila, la résolution suivante : « On doit proclamer dans toutes les nations la perpétuité de la propriété intellectuelle et la soumettre aux dispositions qui régissent la propriété de droit commun. »

Ce n'est là qu'une déclaration purement platonique ; il se peut au contraire que, bientôt, les délibérations du Congrès de Montevideo amènent des résultats pratiques ; l'un des États qui a pris l'initiative de la réunion de ce Congrès vient, en effet, de ratifier, par une loi du 5 octobre 1892, les huit traités et le protocole additionnel élaborés en 1888 et en 1889. Il est permis de croire que si l'Uruguay s'est décidé à agir ainsi, c'est en prévision d'autres ratifications annoncées comme devant se produire dans un avenir prochain ; on peut observer qu'il suffirait d'ailleurs de l'adhésion d'un seul autre État pour que ces traités entrent en vigueur ; cela est vrai spécialement du traité relatif à la propriété littéraire et artistique. Les dispositions de celui-ci ont été pour ainsi dire calquées sur le traité de Berne de 1886 ; il s'en sépare cependant à plusieurs points de vue : c'est ainsi que les hautes parties contractantes n'ont point donné à leur arrangement la forme d'un traité d'union (1) et qu'elles n'ont point pourvu à l'organisation d'un bureau international semblable à celui de Berne (2) ; de plus, et quant au fond des choses, on remarque que dans le traité de Berne, on s'attache en principe à la nationalité de l'auteur et au lieu de publication pour déterminer si telle œuvre a droit ou non à la protection, tandis que, d'après le traité de Montevideo, on ne doit tenir compte que du lieu d'apparition du livre, du tableau, etc. (3), que le droit de traduction est assimilé

---

(1) On a parfois pensé que, c'était grâce à cette circonstance, qu'il suffirait de la ratification de deux États seulement pour que la convention entre en vigueur ; cette opinion est contestable.

(2) Les gouvernements de l'Uruguay et de la République argentine sont d'ailleurs chargés de remplir des fonctions analogues à celles du bureau international de Berne.

(3) Le principe de l'indigénat, adopté en 1886, se trouve atténué dans ses conséquences par les stipulations de l'article 3 du traité de Berne : le bénéfice de cet accord international est, en effet, accordé par cet article aux éditeurs établis, dans un des pays de l'Union, qui publient des œuvres d'auteurs qui n'appartiennent pas

au droit de reproduction dans le traité de Montevideo, tandis que, d'après le traité de Berne, bien qu'il soit impossible de ne pas constater l'importance du progrès réalisé en 1886, les États signataires ne sont tenus de protéger que pendant dix ans les œuvres littéraires contre les traductions faites par les tiers, etc.; etc. V. d'ailleurs, sur le parallèle entre les deux traités, *Droit d'auteur*, 1889, p. 53; 1893, p. 40; Ch. Lyon-Caen, dans le *Recueil des lois françaises et étrangères* de Lyon-Caen et Delalain, t. 2, p. 379; Silvela, mémoire présenté au *Congreso jurídico ibero americano*, compte-rendu publié par l'académie royale de jurisprudence et de législation de Madrid, p 254; Darras, de l'état actuel, etc., *Journal du droit international privé*, 1893, VII-X, n° 51 et s.

L'accession au traité de Montevideo (1) est permise en principe à tout État quelconque; toutefois, une différence doit être signalée entre les États de l'Amérique du sud et ceux qui ne sont pas compris au nombre de ceux-ci; pour les premiers, l'accession est un droit dont l'exercice n'est subordonné à aucune condition; pour les autres, leur accession n'est susceptible de produire ses effets que si elle est agréée par les autres États.

Une distinction de même ordre se retrouve dans les résolutions votées au sein du Congrès juridique ibéro-américain de Madrid. Celui-ci, réuni à l'occasion du quatrième centenaire de la découverte de l'Amérique, s'est tenu à Madrid, du 24 octobre au 16 novembre 1892; parmi les cinq questions figurant à son ordre du jour, il s'en trouvait une, relative à la recherche, en matière de droits intellectuels, des principes d'une législation internationale commune à l'Espagne, au Portugal et aux Républiques ibéro-américaines; un savant rapport de M. Francisco Silvela (*Congreso jurídico ibero americano*, compte-rendu etc. p. 238) fut discuté dans les séances du 24 octobre et du 1er novembre (*Op. cit*)., p. 259, *Revista de los Tribunales*, n. des 19 novembre et 3 décembre 1892, *Droit d'auteur*, 1893. p. 39); comme conclusion, on adopta les résolutions suivantes :

1. Le droit de propriété à l'égard des œuvres littéraires et artistiques en faveur de leurs auteurs doit être reconnu par les législations d'Espagne, du Portugal et des États ibéro-américains.

2. Le droit de propriété littéraire et artistique d'un auteur à l'égard

---

par leur nationalité à un de ces États. Il subsiste néanmoins une différence sensible entre chacun des traités en présence ; d'après le traité de Montevideo, la nationalité de l'auteur est indifférente : pour toute œuvre parue sur le territoire de l'un des États adhérents, l'action en contrefaçon peut être exercée par l'auteur ; d'après le traité de Berne, au contraire, l'action est accordée à l'éditeur personnellement, lorsque l'auteur est étranger à chacun des États de l'Union ; enfin, il semble bien que, pour un tel auteur, le traité de Berne ne peut être d'aucun secours lorsqu'il fait paraître son œuvre sur le territoire de l'Union, mais sans recourir à l'intermédiaire d'un éditeur.

(1) On sait que, du 2 octobre 1889 au 19 avril 1890, il s'est réuni à Washington un Congrès composé des délégués de tous les États de l'Amérique, à l'exception de la République d'Haïti, de Saint-Domingue et du Paraguay, dans le but, qui n'a pas d'ailleurs été atteint, de fonder un vaste *Zollverein* entre tous les États de l'Amérique ; les questions douanières n'ont pas seules occupé les membres du Congrès panaméricain ; la matière des droits intellectuels a aussi attiré leur attention et, dans la séance du 3 mars 1890, ils se sont approprié les dispositions du traité de Montevideo.

de ses œuvres durera quatre-vingts ans. Ce terme est établi comme moyenne de conciliation entre la perpétuité et la limitation à des délais plus courts.

3. En attendant qu'on arrive à l'uniformité des législations, chaque pays reconnaîtra en faveur des étrangers le même droit par ses lois internes que celui qu'il reconnaît à l'égard de ses nationaux.

4. Le droit de propriété de l'auteur d'une œuvre littéraire ou artistique doit comprendre la faculté de disposer de celle-ci, de la publier, de la céder à autrui, de la traduire ou d'en autoriser la traduction, et de la reproduire dans une forme quelconque.

5. Les articles de journaux pourront être reproduits si mention est faite de la publication dont ils sont extraits, à moins que leur publication n'ait été expressément défendue. Les discours prononcés ou lus dans les assemblées ou réunions publiques peuvent être publiés sans nécessité d'une autorisation quelconque.

6. Le titre qui constate et déclare l'existence de la propriété artistique et littéraire sera conféré à l'auteur selon les lois du pays dont il est national, et ce titre doit être admis sans qu'il soit besoin d'autres formalités, dans les autres pays où celui-ci voudra s'en servir.

7. Les responsabilités encourues pour usurpation du droit de propriété littéraire et artistique seront débattues devant les tribunaux et décidées selon les lois du pays où le délit aura été commis.

8. Pour donner force et vie aux conclusions précédentes et pour faire entrer leur réalisation dans la sphère des conventions internationales, une commission est dès à présent nommée qui est composée des Délégués étrangers qui ont assisté au présent Congrès, et du Comité d'administration de l'Académie Royale de jurisprudence de Madrid, puisque c'est cette corporation qui a convoqué le Congrès ibéro-américain de jurisprudence. Cette Commission est nommée pour obtenir, dans le délai d'un an, auprès des gouvernements respectifs, la convocation d'un Congrès de représentants diplomatiques qui s'occuperaient de prendre des résolutions officielles à l'égard des conclusions acceptées par le présent Congrès.

Il y a lieu d'ajouter à ces indications que, dans un vœu voté le 10 novembre et qui n'est plus spécial aux questions de droits intellectuels, on prie le gouvernement espagnol d'organiser une conférence diplomatique qui devra procéder à la codification du droit international applicable à l'Espagne, au Portugal et aux Etats de l'Amérique du Centre et du Sud.

Nous n'avons pu savoir quelle suite a été donnée à ces vœux ou résolutions ; nous espérons que l'un de nos confrères de langue espagnole ou portugaise voudra bien fournir au Congrès d'utiles renseignements à cet égard.

On a pu remarquer que dans les résolutions votées à Madrid, il n'est question que de la législation des peuples ibéro-américains ; cette particularité n'est pas faite pour étonner si l'on songe à la composition du Congrès de Madrid, mais il est incontestable que les membres du Congrès auraient émis des résolutions d'un caractère plus général s'ils avaient été sollicités en ce sens ; c'est donc, semble-t-il, en nous inspirant de l'esprit qui les animait que nous proposons le vœu suivant au vote du Congrès de Barcelone :

Le Congrès de Barcelone émet le vœu que le gouvernement fédéral suisse, organe officiel de l'Union pour la protection des œuvres littéraires et artistiques, fasse les démarches nécessaires pour obtenir l'adhésion au traité d'Union des pays de langue espagnole ou portugaise qui sont restés jusqu'à ce jour en dehors de l'Union de Berne.

ALCIDE DARRAS,
L'un des Secrétaires généraux
de l'Association littéraire et artistique internationale.

ERNEST EISENMANN,
Avocat à Paris.

TOURS. — IMPRIMERIE E. ARRAULT ET Cⁱᵉ, 6, RUE DE LA PRÉFECTURE.

ASSOCIATION LITTÉRAIRE ET ARTISTIQUE

INTERNATIONALE

(15ᵉ session)

Siège social : 17, rue du Faubourg-Montmartre, PARIS

CONGRÈS DE BARCELONE 1893

COMPTE RENDU

Séance solennelle d'inauguration

La séance solennelle d'ouverture a eu lieu au Palais de l'Université, le dimanche 24 septembre 1893, à trois heures de l'après-midi, sous la présidence de M. Manuel Henrich, Maire de Barcelone, président honoraire du Congrès, assisté du Maréchal Martinez Campos, et du Recteur de l'Université, M. Casana.

M. Manuel Henrich déclare la séance ouverte et prononce le discours suivant :

Mesdames, Messieurs,

Soyez les bienvenus sur la terre catalane, dans la seconde capitale de l'Espagne, dans l'hospitalière Barcelone, vous qui, enflammés d'amoureux enthousiasme pour les grands idéaux de la lumière et du progrès modernes, avez fait cet aventureux pèlerinage, êtes venus ici pour partager avec nous les travaux élevés de ce Congrès littéraire, par vous organisé en cette cité, qui se sent aussi fière que reconnaissante de l'honneur que vous lui faites aujourd'hui.

Que ceux parmi vous, Messieurs, qui, pour la première fois nous visitent, n'aient crainte que ce peuple des anciens fiefs ne comprenne et n'apprécie, comme il se doit, vos nobles et hautes idées, car ici, dans les Parlements, Conseils et Congrès, se promulguèrent, en temps lointains déjà, des Codes et des Lois qui furent bien de justice et de bons sens, puisqu'ils servirent souvent de base et de règle aux pays étrangers pour légiférer sur les us et coutumes, premiers jalons de toutes les lois sociales.

Ici, en effet, dans la Barcelone du moyen âge, sous les auspices de

1

Berenguer III, le Grand, des Assemblées (*Cortes*) de grands seigneurs illustres rédigent le fameux Code des Usages (*Usatjes*); au XIIᵉ siècle, le roi Don Jaime, dont l'épée conquérait peuples et nations et dont la plume octroyait droits et libertés, promulgue les sages Lois du Conseil, cause et origine de nos anciennes municipalités. Ici, Pedro III d'Aragon, le Grand, partage son pouvoir législatif avec le peuple et les bras séculiers, établissant ainsi un courant d'affection et de sympathie entre le monarque et les sujets, base de paix, de richesse et de prospérité, dans les pays si sagement gouvernés. Ici, dans quatorze Conseils provinciaux présidés par des prélats illustres, on traite de choses d'influence directe, non seulement pour le décorum et la dignité du culte, mais encore pour le bien-être du pays, le soutien et le progrès des institutions sociales; et, quand notre commerce s'étend par les mers lointaines de l'Orient, on y rédige le Code immortel du « Consulat de Mer » (*consulado de mar*), que copièrent bientôt Gênes et Venise, nos rivales et, un moment, nos alliées. Ici, un Empereur, pour les immenses Etats duquel le soleil ne se couchait jamais, réunit, dans un Chapitre fameux, monarques et chevaliers de la Toison d'Or, qui, en souvenir de cette auguste cérémonie, font graver, sur les chaises sévères du chœur de notre Basilique, leurs écus seigneuriaux; écoulés ensuite les quatre siècles qui transforment la vie sociale de la Catalogne, dans un mélange de douleurs et de gloires, Barcelone renaît des malheurs passés, et, toujours laborieuse dans le travail et pour le culte des Arts, des Sciences et des Lettres, elle franchit le seuil de ce siècle, étudie, lutte et croît; puis, enfin, plus osée et hardie, elle convie à une fête internationale les Nations, qui, vous le savez, sont ses amies, et, dans de récents Congrès, qui datent d'à peine un lustre, elle connaît du Droit les modernes théories, du Commerce les grandes voies, de l'Industrie les utiles inventions, de la Science les vérités dernières, et de l'Art les perfections sublimes.

Et voilà pourquoi, Messieurs, devant tant d'honneurs et de grandeurs, je me sens assailli de la crainte que vous puissiez attribuer à de la vanité déguisée, à de l'orgueil, ce que j'ai seulement voulu mentionner, dans la pensée que j'y étais obligé, occupant ce siège présidentiel où vous avez daigné m'élever, et remplissant les honorées fonctions auxquelles m'a appelé la confiance de S. M. la Reine-Régente, notre auguste souveraine.

Vous êtes ici, Messieurs, entre frères, et au milieu d'un peuple de vieilles amitiés, dont les souvenirs gisent, vivants encore, dans nos archives et nos palais, dans les pierres de nos vieux édifices et jusque dans cette mer qu'un jour nous dominâmes.

Avec Gênes et Pise, commerciales et guerrières, nous fûmes à la conquête de Majorque, pour la délivrer du joug des armées agariennes. Avec les Flandres, nous partageâmes le droit de cité, sous le sceptre puissant de l'empereur Charles-Quint. Avec Pétrarque, nous avons chanté, en langue limousine, les plus chastes amours de la terre. D'ici nous partîmes ensemble, gens du Nord et du Midi, pour aller conquérir Tunis et réduire le despotique pouvoir d'un Barberousse. Du Nord nous vinrent ces souffles régénérateurs de notre renaissance artistique, qui embellirent temples et palais.

Le Roussillon et la Provence conservent encore le souvenir immarcescible de nos gloires et grandeurs communes, dans leurs classiques coutumes, leur même caractère, leur propre langage, que nous transmettent, de génération en génération, les chants poétiques des félibres, ces gardiens fidèles de

notre fraternelle et indestructible affection, que ni le temps, ni l'oubli n'effa-
ceront jamais, car, comme œuvre parfaite de la Providence, elle est animée
de l'esprit de Dieu.

Vous voyez donc bien, Messieurs, qu'il vous est impossible de vous considérer comme étrangers sur cette terre catalane qui a conservé tant de traits
d'union avec celles devenues aujourd'hui de modernes et puissantes nationalités ; car, si, hier, un passé conquérant et guerrier nous donna la domi-
nation terrestre jusques aux confins du monde, nous cherchons aujourd'hui
dans nos progrès industriels, dans nos perfectionnements littéraires et
artistiques, dans nos propres efforts commerciaux, de nouveaux horizons,
pour nous assurer, avec plus de force, si possible, et plus d'énergie, les
conquêtes que l'époque moderne nous impose.

Il se peut qu'en parcourant notre cité, la première de la nation espagnole
qui ouvrit ses portes à l'imprimerie et à la vapeur, hérauts des progrès et
des perfections modernes, vous ne trouviez point aujourd'hui la Barcelone
que le Romain Avienus appelait la *cité des champs allègres et des jardins
fleuris*, celle que Ludovico-Pio surnommait *cité fameuse*, celle que le chro-
niqueur des monarques catholiques considérait comme la *plus noble cité de
l'Espagne*, celle enfin qu'ont honorée de leurs éloges Marineo Siculo, Victor
Hugo et De Amicis ; mais ne doutez pas, Mesdames, ne doutez pas, Messieurs, que notre plus grand désir (et pour cela rien ne nous coûtera) est de
faire que notre cité bien-aimée soit pour vous *l'archive de la courtoisie,
l'auberge des étrangers* et *la correspondance aimable des fermes amitiés.*

M. MARCIAL MORANO, président de l'Association des Publicistes de
Barcelone, s'est ensuite exprimé dans ces termes:

EXEMO SR, SEÑORAS, SEÑORES,

Nacida apenás, la « Asociacion de Publicistas de Barcelona » ha tenido
ocasion dichosa de disfrutar de un supremo honor y de una alegria grande
que se consuman en el solemne acto que estamos celebrando.

Honrado y agradecido queda siempe todo el que vé traspasar las puertas
de su morada á un huesped ilustre ; pero cuando ése huesped es su maestro,
cuando con su noble y esforzado ejemplo le muestra el camino mas derecho
de la lucha y la victoria, la honra obtenida y el agradecimiento sentido son
tan immensos y superiores á todos otros que solo pueden compararse con el
jubilo de experimentarlos.

Asi nosotros, los publicistas de Barcelona. La « Association littéraire et
artistique internationale » cuyos distinguidos individuos figuran entre los
mas aventajados escritores y artistas de Europa y America, nos habia trazado
la senda por donde han de marchar quienes ansien combatir en pró de la
civilizacion y el progreso humanos, y cuando nos aprestabamos á emular su
constancia, ya que no su inteligencia, alcanzamos el logro de ver en la
hermosa Barcelona á su mas gallarda representacion y gozamos la
esperanza cierta de escuchar á autorizados miembros suyos en la discusion
de las cuestiones interesantisimas que con la propiedad intelectual mas
intimamente se relacionan.

Agradecemos y estaciamos esta merced en todo cuanto vale y procuraremos hacernos dignos de ella, persistiendo tenaces en el firme proposito
que ha dado origen á la « Asociacion de Publicistas de Barcelona » : el

proposito de favorecer y amparar individua ly coléctivamente toda iniciativa, toda manifestacion literaria y artística, y de trabajar sin descanso para difundir en nuestro pais la cultura intelectual hasta su ultimo grado. En esta comun labor la « Association littéraire et artistique internationale » ocupará la vanguardia, puesto que por légitimo derecho le otorgan sus preclaros antecedentes y gloriosa historia, pero nosotros procuraremos seguir, immediatamente de trás, sin que arredren nuestro animo ni enfrien nuestro entusiasmo, lo rudo de la tarea y la debilidad de nuestras fuerzas.

I' Bienvenidos seais, señores Congresistas! La « Asociácion de Publicistas de Barcelona » humilde pero sincera os ofrece su afecto mas cordial y su adhesion mas franca y os promete conservar imperecedero recuerdo de vuestra grata visita y del congreso literario y artístico internacional de 1893, primer acto público de su vida social. He Dicho.

M. EUGÈNE POUILLET, président de l'Association littéraire et artistique internationale, a répondu dans ces termes :

Au nom de l'Association littéraire et artistique internationale, je salue d'abord la nation espagnole, et je remercie son gouvernement de vouloir bien, pour la seconde fois, s'intéresser à nos travaux. J'adresse en particulier à M. le Recteur, qui a mis à notre disposition ce magnifique palais de l'Université, l'expression de notre gratitude infinie ; il semble que nos travaux en seront meilleurs et qu'ils emprunteront quelque chose de la grandeur du cadre qui leur est donné. Je suis heureux de voir au milieu de nous M. le Capitaine Général, et je le remercie de l'honneur et de l'éclat que sa présence ajoute à notre réunion. Je le prie de transmettre à la Reine-Régente, pour le Roi et pour Elle, l'hommage de notre respect.

Je salue ensuite la Ville de Barcelone, son éminent Alcade, les membres de l'Association des Publicistes, qui tous rivalisent de zèle pour nous offrir l'accueil le plus charmant et le plus grandiose.

Nous sommes heureux de recevoir l'hospitalité dans ce beau pays de Catalogne si plein de grands souvenirs ; nous sommes fiers de tenir, cette année, notre congrès dans cette ville superbe de Barcelone que tous les poètes ont chantée, qui est l'une des plus anciennes du monde et l'une des plus modernes, fille de l'antiquité la plus reculée et reine incontestée de la civilisation la plus élégante et la plus raffinée.

Je me souviens encore de l'accueil qui nous fut fait en 1887 à Madrid. Notre congrès eut alors la bonne fortune de réunir les orateurs les plus brillants. C'est M. Moret, ministre des affaires étrangères, qui nous souhaita la bienvenue ; dans nos réunions, nous entendîmes tour à tour Castelar et Jules Simon, deux amis, tous les deux passionnément épris de la liberté. J'étais en ce temps-là simple soldat, combattant de mon mieux dans le rang.

Depuis, les bienveillants suffrages de mes collègues m'ont élevé jusqu'à la présidence de notre association, et c'est à moi, si heureux naguère d'écouter et d'applaudir les autres, qu'il appartient aujourd'hui de porter la parole au nom de tous. Je voudrais avoir un peu de l'éloquence de ces grands orateurs, dont je viens de rappeler les noms, pour vous exprimer, comme je les ressens, les sentiments que j'éprouve, en arrivant au milieu de vous ; je voudrais surtout trouver des mots qui vous aillent au cœur et qui vous disent toute ma sympathie et mon admiration pour la Catalogne et pour le peuple catalan.

Un de nos collègues, il y a quelques jours, s'étonnait devant moi que, venus en Espagne en 1887, nous ayons songé à y revenir en 1893. « Ne « sommes-nous pas des apôtres, disait-il, et le rôle de l'apôtre n'est-il pas « d'aller droit devant lui pour porter la bonne parole dans des contrées tou- « jours nouvelles ? » Notre collègue avait raison ; mais je lui ai répondu (et vous approuverez, je pense, ma réponse), qu'en 1887 nous sommes venus en Espagne et qu'en 1893 nous venons en Catalogne.

La Catalogne n'est pas seulement, comme le disait tout à l'heure M. l'Alcade, la seconde capitale de l'Espagne ; au point de vue des lettres et des arts, n'est-elle pas dans l'Espagne comme une autre et particulière Espagne ? Ne trouvons-nous pas ici une littérature qui, tout en étant la gloire de l'Espagne tout entière, appartient en propre à la Catalogne, n'appartient qu'à elle et sera son éternel honneur ? Le grand siècle qui va finir n'a-t-il pas vu cette merveilleuse renaissance de la langue et de la littérature catalanes ?

Après Cervantès, Lope de Vega, Calderon, n'était-il pas du devoir de l'Association littéraire internationale de venir à Barcelone saluer les Rubio y Ors, les Balaguer, les Verdaguer, les Narcisse Oller, les Pelay Briz, les Mathieu et tant d'autres ? Ne devons-nous pas nous abreuver à toutes les sources, et quelle source pourrait être plus pure et plus féconde que celle où naguère ont bu les immortels troubadours ?

Aussi avons-nous accepté avec empressement votre invitation, et nous sommes venus vers vous avec joie. Nous venons vous demander d'encourager nos efforts et de vous joindre à nous pour marcher ensemble à la conquête d'une législation qui, partout la même, protège également en tous les pays le droit sacré des auteurs. Car il ne suffit pas de faire des chefs-d'œuvre ; il faut encore que l'auteur d'un chef-d'œuvre puisse en disposer librement, qu'il en soit le maître absolu, que seul il puisse permettre qu'on le traduise si c'est un livre, que seul il puisse autoriser de le reproduire si c'est une peinture, un dessin ou une statue. Être propriétaire de ce qu'on a créé, de ce qu'on a tiré de sa moelle et de son cerveau, c'est-à-dire du meilleur de soi-même, n'est-ce pas le moins qu'on puisse demander à la loi ? Et pourtant cette vérité si simple, cette vérité primordiale et nécessaire, n'est pas encore universellement reconnue. On la conteste encore en de certains pays ; dans d'autres on la reconnaît, mais en y mettant des réserves qui en sont comme la négation. C'est à faire triompher le principe du droit de propriété de l'auteur que nous consacrons nos efforts. Si nous jetons un coup d'œil en arrière, nous devons déjà nous féliciter des résultats obtenus. Que de progrès accomplis depuis le jour où, en 1878, notre association se fondait sous le patronage de Victor Hugo, à l'ombre de ce grand génie que M. l'Alcade rappelait tout à l'heure ! Que de nations alors indifférentes au droit des auteurs ont tenu à honneur de le protéger ! Que d'autres qui mesuraient parcimonieusement leur protection l'ont étendue, augmentée, agrandie. Ecoutez plutôt : la Bolivie, la Colombie, l'Equateur, Haïti, le Japon, Monaco, la Tunisie, la Venezuela, n'avaient pas de loi sur la propriété littéraire ; elles en ont une aujourd'hui. Le Brésil, la Belgique, les Pays-Bas, la Suisse avaient une législation imparfaite ; elles l'ont perfectionnée. Les Etats-Unis eux-mêmes ont fait un pas en avant. Enfin, par-dessus tout, grâce à la vaillante Suisse, nous avons conquis la convention d'union, dite convention de Berne.

Mais, si nous regardons en avant, si nous interrogeons l'avenir, quelle distance à parcourir encore! Que la terre promise est loin! Combien d'entre nous, sans y pouvoir entrer, tomberont épuisés sur la route! Combien sont déjà tombés! Et, pour rappeler deux seulement de nos premiers compagnons, laissez-moi vous citer les noms de Torrès Caïcedo et Louis Ulbach. Mais qu'importe! Au milieu de la bataille s'attarde-t-on à compter les morts? Mourir n'est rien quand l'idée pour laquelle on donne sa vie finit par triompher, quand l'œuvre s'achève et survit. En face de la cathédrale de Barcelone, se demande-t-on combien de vies d'hommes elle a coûté?

Songez, messieurs, qu'au bout du chemin, ceux qui y parviendront trouveront, pour les récompenser, non seulement l'unification des lois protectrices de la propriété intellectuelle, ce qui est quelque chose, mais, ce qui est mieux, l'union des peuples, la fraternité, la paix universelles! Quand tous ceux qui écrivent, quand tous ceux qui pensent, c'est-à-dire quand tous ceux qui éclairent et dirigent le monde, se seront coalisés entre eux pour ne plus faire qu'une famille, pour n'avoir qu'une âme, l'âme de l'humanité, que pourront faire les autres? Quelle place restera-t-il pour la violence et pour la force? De leur union sortira naturellement, comme le grain sort de l'épi mûr, l'apaisement universel; les haines de race s'évanouiront, le besoin de s'entre-déchirer et de détruire n'excitera plus qu'un sentiment d'horreur; les frontières, qui séparent les nations, s'abaisseront d'elles-mêmes et, sur la terre heureuse, rajeunie, régénérée, planera partout le triomphant amour. Quel rêve, et c'est le nôtre! Voilà l'œuvre à laquelle nous vous convions de travailler avec nous.

Ne vous y trompez donc pas, messieurs, sous le nom d'Association littéraire et artistique internationale, c'est l'humanité même qui s'assemble aujourd'hui chez vous; elle s'y arrête un moment pour s'y reposer et demander une force nouvelle au souffle vivifiant de vos montagnes, à la brise embaumée qui des sommets du Canigou et du Montserrat nous apporte l'air pur de la liberté; elle vient se retremper au contact des vertus catalanes; elle demande l'espérance au sourire adorable des femmes de Catalogne, à l'éclat de ces yeux devant lesquels, selon le mot d'un de vos poètes, les étoiles du ciel s'enfuient de peur de s'en enjalouser! Et demain réconfortés par votre accueil, grandis à nos propres yeux par vos encouragements, forts de votre amitié, laissant ici un peu de nous-mêmes, emportant aussi, laissez-moi l'espérer, quelque chose de vous, nous quitterons à regret cette terre bénie de Catalogne pour nous remettre en chemin; mais, comme autrefois Hercule dans la légende, nous cueillerons dans le jardin d'Hespéris le rameau d'oranger qui, dans notre course à travers le monde, nous servira de talisman. A Barcelone, à la Catalogne tout entière, à ses artistes et à ses poètes, à ses journalistes et à ses écrivains, à tout ce qui dans ce beau pays vit, pense et aime, l'Association littéraire et artistique internationale adresse son salut ému, cordial et fraternel.

M. Henri Morel, directeur du Bureau international de Berne, président de l'Association, a ajouté, au nom de la Suisse, quelques paroles émues et chaleureuses à l'adresse de l'Espagne et de la ville de Barcelone.

M. Gustave Diercks a pris la parole en espagnol : il a fait l'éloge de l'influence de la littérature dans le monde moderne, et, en particulier, il a salué, au nom des littérateurs allemands, les littérateurs de l'Espagne d'abord, de la Catalogne ensuite.

M. Osterrieth, délégué de l'Association des Ecrivains allemands, a prononcé les paroles suivantes :

MESDAMES,
MONSIEUR LE PRÉSIDENT,
MESSIEURS,

Au nom de l'Association des Écrivains allemands, je remercie l'Association littéraire et artistique internationale de la gracieuse invitation à ce congrès qu'elle a bien voulu lui adresser. L'association des Ecrivains allemands a tenu à faire connaître ses sentiments de vive sympathie pour l'Association littéraire et artistique internationale et son intention de lutter côte à côte avec elle pour nos idées communes.

L'Association des écrivains allemands est encore bien jeune. Et pourtant elle a obtenu des résultats qui nous permettent de lui attribuer une position assez importante parmi les sociétés littéraires de l'Allemagne. Elle a su organiser des congrès qui comprenaient la plupart des écrivains et des journalistes allemands. Le dernier Congrès, qui eut lieu à Munich au mois de juillet, a voté un projet d'une nouvelle loi allemande sur les droits d'auteur. Le prochain congrès s'occupera d'un règlement du contrat d'édition et des questions touchant à la révision de la convention de Berne. Voilà nos tendances. Nous vous prions donc de nous accepter comme collaborateurs. Nous sommes pénétrés de l'importance de notre tâche et inspirés de la même ardeur que vous à travailler et à lutter.

L'Association des Écrivains allemands considère être de bonne augure le fait que c'est en Espagne, dans cette superbe ville de Barcelone, qu'elle prononce pour la première fois son adhésion aux idées et aux travaux de l'Association littéraire et artistique. Nous aimons ce beau pays, le pays des Cervantès, Calderon, Murillo, Velasquez ; nous aimons ce peuple fier comme les cimes couvertes de neige de ses montagnes et ardent de l'ardeur qui brûle ses rochers, qui sèche ses plaines, et qui engendre cette végétation, que dis-je ? cette vie abondante et brillante.

Je salue donc, au nom de l'Association des Écrivains allemands, l'Association littéraire et artistique internationale, les membres du Congrès ; je salue l'Espagne et cette belle ville hospitalière de Barcelone.

M. P. Wauwermans, au nom de la Belgique, s'est exprimé dans des termes analogues ; il a remercié la ville de Barcelone de la réception qu'elle ménageait à ses hôtes.

M. Adolfo Calzado, député, président de l'Association, a prononcé l'allocution ci-après :

EXCELENTISIMOS SEÑORES,
SEÑORAS, SEÑORES,

El que os dirige la palabra no es el que representa en Cortes á una provincia catalana, ni el que ha representado en los Congresos de Londres,

Lisboa, Venecia y Milan á la Asociacion de Escritores y Artistas de Madrid. Es unicamente el antiguo colaborador de esta Asociacion literaria y artistica internacional que propuso el año pasado en Milan se celebrase el décimo-sexto Congreso en la ciudad de Barcelona.

Reunidos despues en Paris para dar un testimonio de gratitud á la colonia italiana por lo admirablemente que se nos habia recibido, les dije poco más ó menos lo siguiente :

— Venid á Barcelona : es una ciudad italiana, lo mismo que Génova y Napoles recuerdan á las ciudades españolas. Desde lo alto de Montjuich, á orillas del Mediterraneo, que nos es comun, divisareis en lontananza las hermosas llanuras bañadas por el Llobregat, tan ricas y bien cultivadas como vuestras provincias lombardas bañadas por el Po y el Adige.

Observaréis cuanto se parece la lengua catalana, no dialecto, á vuestra lengua italiana, en el hablar eufónico, abierto, con esa emision de voz y esa diccion que ponen en relieve, por decirlo asi, á las vocales y dan más vigor á las consonantes.

Al primer paso que deis por el puerto os sorprenderá el monumento erigido alli á Cristobal Colon, aquel coloso que lo sabia todo y no sabia si era mas español que italiano ó más italiano que español ; pero que de todos modos fué en su tiempo la condensacion más perfecta del genio latino.

Esto os decia, compañeros mios de la Asociacion ; á vosotros corresponde ya en parte y por completo corresponderá al fin de la jornada apreciar si fui ó no exacto. Lo que desde luego podemos agradecer es que para la inauguracion del Congreso se nos haya traido á esta casa, donde las paredes hablan de la civilizacion de España desde aquellos tiempos en que casi toda Europa estaba sumida en una barbarie relativa, hasta los tiempos presentes, y donde resplandecen las efigies de los que nos ilustraron en los distintos ramos del saber humano.

Ahora, queridos compatricios mios, para que la presentacion sea acabada y por mera cortesia, puesto que lo sabéis todos, debo deciros que esta Asociacion se propone difundir por el mundo la idea de que el que escribe un libro, pinta un cuadro ó esculpe una estátua, adquiere una propiedad como el que posee un campo, una casa ó un mueble, y tiene derecho á que la Ley le proteja en el fruto de su trabajo, que no por ser el de su inteligencia vale menos.

Y como vosotros, ademas de ser un pueblo amante de las artes y de las letras, sois, por un privilegio de la naturaleza, industriales y comerciante , y por lo tanto, practicos y positivos, he de añadir que no hemos peregrinado por Europa á la manera de nuevos Don Quijotes, tratando de desfacer agravios y tropezando solo con molinos de viento y rebaños de carneros, sino que hemos logrado despertar las conciencias y que se voten leyes eficaces como la Ley belga, consecuencia de los Congresos de Bruselas y de Amberes, y esa Union de Berna, á la cual se han adherido las principales naciones de Europa y varios Estados de América, garantizándose reciprocamente la propiedad intelectual.

Despues de hecha esta doble presentacion, solo me falta saludar con todo cariño, con todo respeto, á la ciudad de Barcelona, antigua por su tradicion y moderna por sus aptitudes, á la musa que inspiró el Gay Saber y los juegos florales en la Edad Media; á la ciudad de aquellos sabios Concelleres cuyas sombras vagan sin duda todavia por el espacio para ampararla y cuyos hechos llenan los anales de su prestigiosa historia; à Barcelona, honra y prez de la patria española.

M. LE MARQUIS D'OLIVAR, M. LE CONSUL DES ÉTATS-UNIS à Barcelone, ont ajouté quelques mots de bienvenue et de remerciements au Maire de la ville.

M. CHAUMAT, délégué du Ministre de la Justice de la République française, a pris la parole en ces termes :

MONSIEUR L'ALCADE,
MONSIEUR LE CAPITAINE GÉNÉRAL,
MESSIEURS,

C'est un très grand plaisir pour moi de pouvoir saluer aujourd'hui vos Excellences au nom du Ministre de la Justice de la République française, et je vous remercie, à mon tour, d'avoir bien voulu présider la séance générale d'ouverture de ce Congrès.

Le Gouvernement français a toujours suivi avec un très vif intérêt, les travaux de l'association littéraire et artistique internationale, qui ont exercé une si heureuse influence sur l'œuvre législative d'un grand nombre de pays, en matière de propriété littéraire et artistique ; ces travaux, vous l'avez compris, Messieurs, méritent d'être encouragés par tous les hommes qui aiment la justice et le droit, et votre bienveillant patronage sera le meilleur des encouragements pour les délibérations du XVᵉ Congrès, qui vont commencer à Barcelone.

Je vous remercie très sincèrement, pour le Ministre que je représente, et au nom des grandes et généreuses idées que nous venons défendre au milieu de vous.

M. DESJARDIN, délégué du Ministre de l'Instruction publique et des Beaux-Arts de la République française, s'est également exprimé en ces termes :

MESDAMES,
MESSIEURS,

Au nom de M. le Ministre de l'Instruction publique et des Beaux-Arts de la République française, je dois d'abord saluer de notre profond respect S. M. la Reine Régente, votre auguste Souveraine.

Je dois ensuite vous remercier de votre accueil si cordial et si chaleureux.

Tout à l'heure, Monsieur l'Alcade, vous nous avez dit : « que nous ne devions pas nous considérer comme des étrangers dans la seconde capitale de l'Espagne, dans votre hospitalière Barcelone » ; ce sont, je crois, vos propres paroles. Mais permettez-moi de vous dire que, dès notre arrivée, nous vous avons considéré, grâce aux multiples manifestations de votre sympathie, comme de nouveaux amis, et comme des amis que pour notre part nous n'oublierons pas.

M. MARCEL PRÉVOST, délégué de la Société des Gens de Lettres de France, a prononcé l'allocution suivante :

MESDAMES,
MESSIEURS,

La Société des Gens de Lettres de Paris, — c'est-à-dire le groupement le plus ancien, le plus nombreux de romanciers, de poètes, et de publicistes français, — m'a fait l'honneur de me choisir pour la représenter auprès de vous.

En déléguant ainsi, chaque année, un des membres de son comité à vos congrès internationaux, la Société des Gens de Lettres est heureuse de manifester, — avec l'Association internationale, ses sentiments de bonne camaraderie, — et la communion de ses aspirations, de ses efforts, vers une protection efficace du patrimoine intellectuel des peuples.

Pour moi, Mesdames et Messieurs, j'ai accepté avec une joie particulière le mandat qui me déléguait près de vous ; car cette vieille et noble terre d'Espagne, où nous recevons une hospitalité si généreuse, n'est pas seulement la terre classique de la vaillance militaire, de la fierté civique, de l'art sensitif et passionné : elle m'apparaît comme le sol nourricier de la poésie héroïque et de la littérature romanesque.

On dirait que, de l'héritage ancestral partagé entre les trois sœurs latines, tandis que la France recueillait la clarté éloquente des mots, la précision du rythme et du verbe, tandis que l'Italie héritait la grâce amoureuse des pensées, la douceur un peu morbide de l'expression, l'Espagne gardait pour elle la verdeur imaginative, l'exubérance des inventions, si bien servie par la sonorité de son langage... Aussi, n'est-ce pas admirable ? chaque fois que la France a senti fléchir l'activité de son génie littéraire, elle a, pour ainsi dire, collé sa bouche aux mamelles de sa sœur espagnole, et refait sa substance à ce suc généreux. Sans l'Espagne, notre Corneille eût-il été le grand Corneille, l'auteur du *Cid* ? L'Espagne n'a-t-elle pas nourri Victor Hugo enfant, et peut-on nier l'influence du génie espagnol sur le romantisme français ? Enfin, n'est-ce pas encore un héritier de l'Espagne, le poète lyrique moderne que la France applaudit le plus, José-Maria de Heredia.

Fécondité aventureuse des imaginations, héroïsme pour ainsi dire constitutionnel, aussi bien dans son histoire que dans sa littérature, tel fut l'apanage de ce pays.

C'est pourquoi, Mesdames et Messieurs, en saluant aujourd'hui l'Espagne qui nous accueille, l'un des derniers venus du roman français vous demande de lui permettre de saluer en elle la patrie de Cervantès, la vraie patrie du roman.

M. GRENET-DANCOURT, délégué de la Société des Auteurs, Compositeurs et Éditeurs de musique, a pris la parole en ces termes :

EXCELLENCE,
MESDAMES,
MESSIEURS,

C'est au nom de la Société des Auteurs, Compositeurs et Éditeurs de musique, que j'ai le grand honneur de saluer ici les illustres et sympathiques représentants de la grande cité catalane; avec eux aussi je salue cet admirable passé de grandeur et de gloire que personnifie à nos yeux la noble, généreuse et chevaleresque nation espagnole.

Soyez assurés, — j'ai mission de vous le dire au nom de ceux que je représente, — que, lorsque l'occasion nous en sera offerte, nous nous mettrons sans hésiter à la tête de tout mouvement qui tendrait à ramener entre l'Espagne et la France, entre les deux nations sœurs, un régime économique que tous nous désirons ardemment et dont nous poursuivons avec persistance la réalisation, en nous associant à tous les efforts tentés dans ce sens et surtout en ne craignant pas de dire publiquement quels sont nos désirs et nos espérances, ainsi d'ailleurs qu'a dû vous l'apprendre la presse espagnole.

En effet, nous ne sommes pas seulement des artistes épris de votre art, de vos lettres, professant le culte de vos grands hommes, nous sommes encore et surtout des libre-échangistes, et, en venant jusqu'ici pour vous l'affirmer, nous vous apportons la preuve que nous sommes deux fois vos amis.

La Société des Auteurs, Compositeurs et Éditeurs de musique souhaite que ce Congrès resserre plus étroitement encore les liens affectueux qui unissent les auteurs et compositeurs de France aux auteurs et compositeurs espagnols, dont elle a l'honneur de posséder dans ses rangs le plus grand nombre, et elle s'associe sans réserve à tout ce qui sera tenté en faveur des intérêts précieux à plus d'un titre qui nous réunissent ici, heureuse par là de servir la grande cause de la propriété intellectuelle qui est celle de l'humanité.

Au nom de la Société des Auteurs, Compositeurs et Éditeurs de musique, je salue fraternellement les auteurs et compositeurs espagnols.

M. VICTOR SOUCHON, délégué de la Société des Auteurs lyriques belges, s'est exprimé ainsi :

MESDAMES ET MESSIEURS,

Malgré l'immense douleur dont il vient d'être frappé par la mort soudaine d'un fils, l'unique espoir de sa verte vieillesse, l'éminent président de l'Association des Auteurs lyriques belges, l'illustre savant et musicien qui dirige le Conservatoire royal de Bruxelles, M. Gevaert, n'a pas voulu qu'il soit dit qu'il ait semblé même rester indifférent, un instant, aux manifestations pacifiques et fécondes du Congrès de Barcelone.

D'accord avec son comité, il m'a fait, comme l'an dernier au Congrès de Milan, le très grand honneur de me confier la représentation de sa vaillante phalange, me chargeant d'exprimer aux représentants de votre magnifique cité, aux sympathiques membres de l'Association des publicistes de Barcelone, à tous ceux, enfin, qui ont contribué à l'organisation de ce congrès ou qui contribueront à son éclat, l'assurance que les artistes de la Belgique suivront avec un ardent intérêt la marche de vos travaux.

La Belgique, qui s'est mise au premier rang des nations qui composent l'Union de Berne par sa belle loi de 1886, a eu pour s'inspirer les grands exemples d'équité généreuse et de libéralisme éclairé contenus dans la loi espagnole du 10 janvier 1879, où fut inscrit, comme un fronton aux portes de la Justice, le devoir que s'imposait l'Espagne de passer avec le plus de nations possible de nouvelles conventions en harmonie avec sa loi, c'est-à-dire basées sur ces principes élevés : la réciprocité complète entre les deux parties contractantes, le traitement de la nation la plus favorisée et l'assurance du droit de propriété sans autres formalités que celles du pays contractant.

C'était la porte ouverte à l'idéal en matière de conventions. C'est ce que les auteurs belges rêvent de voir se réaliser, dans l'Union de Berne ; c'est pourquoi ils m'ont donné mandat de venir dans cette enceinte pour soutenir ou pour défendre toutes les propositions nous rapprochant de cette perfection.

Cela seul suffit à vous convaincre, Mesdames et Messieurs, de l'intérêt profond que vos amis de Belgique portent à l'œuvre que vous allez poursuivre. Ils vous en expriment ici, par ma voix, l'affectueux témoignage, vous assurant des vœux qu'ils forment pour que, grâce aux efforts que vous allez tenter, une nouvelle étape soit franchie dans la voie de la solidarité universelle des arts et des lettres.

C'est dans cet esprit que j'apporte ici le salut fraternel des Auteurs lyriques belges aux auteurs du grand et noble pays d'Espagne.

M. GEORGES HARMAND, délégué des Sociétés d'architecture de France, la Société centrale des Architectes français et la Caisse de défense mutuelle des Architectes ;

M. GEORGES PFEIFFER, délégué de la Société des Compositeurs ;

M. LUCIEN LAYUS, délégué du Cercle de la Librairie ;

M. AUGUSTO FERRARI, délégué de la Société italienne des Auteurs ;

M. JULES LERMINA, secrétaire perpétuel de l'Association littéraire et artistique internationale, ont successivement pris la parole, apportant les mêmes vœux et les mêmes remerciements à la ville de Barcelone, à la Catalogne, à l'Espagne.

A 5 heures, l'ordre du jour étant épuisé, M. MANUEL HENRICH a levé la séance et déclaré ouverte la session du Congrès de 1893.

Séance du lundi, 25 septembre 1893, matin.

La séance est ouverte à 9 heures 20 du matin, sous la présidence de M. HENRI MOREL.

M. LE RECTEUR DE L'UNIVERSITÉ s'excuse, en raison des devoirs de sa charge, de ne pouvoir venir que rarement aux séances du Congrès.

M. JEAN LOBEL lit le procès-verbal de la séance d'ouverture, lequel est adopté sans observations.

La parole est donnée à M. JULES LERMINA, secrétaire perpétuel, pour la lecture de son rapport sur les travaux de l'Association pendant la session 1892-93 :

De ceux qui assistèrent et concoururent en 1878 à la fondation de notre Association, bien peu lui prédirent une longue vie, et nous-mêmes, en raison des obstacles à surmonter et de la grandeur du champ à parcourir, nous avons souvent douté, à l'heure des débuts, qu'il nous fût possible de remplir la tâche que nous nous étions imposée. Mais voici qu'aujourd'hui s'ouvre le quinzième Congrès de l'Association : preuve ne peut-être plus décisive de sa vitalité et, nous pouvons le dire sans fausse modestie, de l'utilité de son œuvre. Si l'on tient compte des résultats obtenus et du mouvement qui s'est produit en faveur de la propriété littéraire dans tous les pays, des progrès qui ont été réalisés, tels que la conclusion de la Convention de Berne, les lois nouvelles des États-Unis, de l'Autriche, des Etats scandinaves, les améliorations apportées aux lois intérieures en Italie, en Espagne, en Angleterre, on se sent d'autant plus convaincu que, pour accomplir une œuvre de justice, la volonté et la persévérance sont des armes auxquelles rien ne résiste.

Je dois vous rappeler en quelques mots quelle a été l'œuvre du Congrès tenu l'année dernière à Milan. Jamais peut-être nos efforts n'ont été mieux secondés. Les travailleurs acharnés que nous sommes, sous la direction de nos infatigables présidents, MM. Pouillet, Calzado, Oppert, Henri Morel, ont trouvé chez nos confrères de Milan d'assidus collaborateurs, et MM. Visconti-Venosta, Ferrari, Ricordi, Rosmini, Moïse Amar, Trèves, bien d'autres, nous ont donné vaillamment la réplique. Ce Congrès empruntait une importance toute spéciale à la prochaine réunion à Paris d'une conférence diplomatique dont le rôle très délicat doit être de reviser quelques points de la Convention de Berne.

C'est avec la plus grande prudence, vous le savez, que nous devons toucher à cet instrument diplomatique, et l'opportunisme, toujours nécessaire, doit être plus que jamais notre loi. Le Congrès a étudié soigneusement les questions passées, a éliminé celles sur lesquelles il aurait paru périlleux d'insister, a donné une formule définitive aux modifications qu'on peut espérer voir adopter par les États contractants.

C'est ainsi que nous avons demandé l'inscription nominale de l'architecture parmi les œuvres protégées, l'augmentation du délai de traduction (porté de dix à vingt années), la suppression de quelques mots de l'article 10 relatif à l'adaptation, la suppression de la mention de réserve sur les œuvres musicales, une meilleure définition du droit d'exécution et de représentation, la restriction aux boîtes à musique et aux orgues de Barbarie des dispositions de l'article 3 du protocole, la modification de l'article 14, relatif à la rétroactivité.

A propos du droit de traduction, il est à remarquer que le gouvernement autrichien a prorogé d'une année le délai imparti par la loi actuelle pour laisser au Parlement le temps de décider la question.

Ces légers changements sont moins des modifications que des interprétations de la Convention. Ils sont pour la plupart conformes aux intentions mêmes des premiers contractants et répondent à d'étroites préoccupations dues à des magistrats aux vues rétrogrades.

Nous avons tout espoir de les voir adopter par la conférence de Paris. Déjà le ministère français a convoqué une commission d'études préparatoires, dont ont fait partie les représentants des grandes sociétés littéraires et de notre association. Une première étude fait bien augurer des résolutions qui pourront être obtenues de la conférence diplomatique dont, nous l'espérons du moins, la réunion ne se fera pas longtemps attendre.

Une idée nouvelle s'est fait jour au Congrès de Milan : elle vise l'organisation, au bureau de l'Union de Berne, d'un enregistrement international des œuvres littéraires et artistiques. Cette question sera de nouveau posée et développée devant vous.

Il a été donné mandat à l'Association de poursuivre l'élaboration d'un projet de loi-type sur le contrat d'édition et d'étudier la question de la protection légale due aux produits de la photographie. Ces deux points seront traités dans nos séances.

Avant d'entrer dans le détail des travaux élaborés, depuis le Congrès de Milan, au siège social, permettez-moi de vous rappeler rapidement quelle est l'organisation de notre Association.

En dehors des Commissions d'administration et de comptabilité, l'Association est dirigée par un comité exécutif auquel sont adjoints les membres du comité d'honneur. Le comité exécutif, qui est composé de membres appartenant à tous les pays, non seulement se réunit régulièrement et étudie toutes les questions posées, mais de plus, par l'organe des secrétaires de l'Association, il entretient une correspondance active avec ceux de ses membres qui résident dans leur pays, et notamment avec le bureau International de Berne, dont le fonctionnement mérite tous les éloges.

De cette façon, il se tient au courant, avec une parfaite précision, du mouvement de la propriété intellectuelle ; il centralise en temps utile les documents nécessaires et se trouve apte à résoudre les problèmes qui se posent quotidiennement dans la jurisprudence. Il se subdivise en commissions auxquelles sont soumises les études spéciales, et c'est le résultat de ces travaux persévérants que nous venons soumettre aux Congrès. C'est ainsi que, dans la session qui vient de s'écouler, le comité et les commissions ont tenu cinquante-trois séances. Laissez-moi vous dire, messieurs, que ce chiffre prouve l'activité et le bon vouloir de notre Association.

Je passe maintenant aux diverses questions dont le Comité a eu plus particulièrement à se préoccuper.

Il y a bien longtemps déjà, en 1880, l'Association, en son Congrès de Lisbonne, adjurait le Brésil de renoncer à des pratiques de piraterie qui sont incompatibles avec le bon renom d'une grande nation. Nous avons eu grand espoir de voir cette année nos vœux réalisés. L'Association avait été consultée par les hommes les plus éminents de la République brésilienne, et un projet de convention entre le Brésil et la France fut élaboré et finalement présenté aux Chambres. Mais l'opposition se révéla plus âpre encore qu'elle n'avait été aux Etats-Unis, et finalement, en dépit des efforts généreux de nos partisans, la convention a été repoussée à une faible majorité. Mais la lutte n'est pas abandonnée, et la victoire nous restera, nous en avons la certitude.

On sait d'ailleurs qu'au Congrès ibéro-américain, M. Silvela a réclamé avec une merveilleuse éloquence l'union législative de l'Espagne, du Portugal et des Etats ibéro-américains. Ce serait un acheminement vers l'adhésion pure et simple des Etats de l'Amérique du Sud à la convention de Berne. Cette question sera élucidée ici même par le rapport de MM. Darras et Eisenmann ; mais il convient de noter dès maintenant combien il serait utile de constituer des unions restreintes, qu'on pourrait appeler syndico-nationales, et qui se fondront en un jour dans l'internationalisme général.

Pour être un pays de petite étendue, le Monténégro n'a eu que plus de mérite à adhérer à la convention de Berne. Son initiative est d'un bon exemple pour des nations plus grandes.

Nous avons à signaler encore la conclusion d'un traité littéraire entre le Salvador et le Venezuela. Je tiens à rappeler ici que ce fut un des premiers présidents de l'Association, le regretté M. Torrès-Caïcedo, qui conquit le Salvador à notre cause, et ce sont les effets de ses travaux qui se font encore sentir aujourd'hui.

Dans les pays scandinaves, nous avons à enregistrer un succès considérable. M. Frédéric Baetzmann, un des fondateurs et des présidents perpétuels de l'Association, aussi un des initiateurs de la convention de Berne, s'est attaché à la conclusion d'une Convention entre la Norvège et le Danemark. Un projet de loi relatif à la propriété littéraire a été proposé, discuté et adopté. Ses dispositions sont d'un libéralisme fait pour nous plaire. De plus, il s'est formé à Stockholm une association de littérateurs qui s'est lancée résolument dans la même voie et qui, résolue à provoquer l'accession de la Suède à la convention de Berne, a donné des gages de son bon vouloir en adressant à l'Association littéraire et artistique internationale un rapport sur le contrat d'édition, dont il vous sera donné connaissance.

L'Assemblée générale de la Société-Bourse des Libraires allemands a formulé le vœu qu'il fût conclu un traité littéraire entre l'Allemagne et l'Autriche-Hongrie, dans le but d'amener l'entrée de ce dernier pays dans la convention de Berne.

La *Deutsche Schriftsteller Genossenschaft*, qui s'est affiliée à notre Association et a délégué ici M. Osterrieth, a résolu dans son Congrès de mai dernier, de réclamer l'adhésion de tous les États austro-allemands à la convention, ainsi que l'enregistrement des œuvres par le bureau de Berne.

En Angleterre, la question du dépôt a fait un grand pas dans le sens de la limitation des obligations aux formalités exigées par le pays d'origine.

La loi des États-Unis, si imparfaite qu'elle soit, a donné cependant quelques résultats favorables à l'exercice des droits des auteurs étrangers sur le territoire de la République. Des contrefaçons ont pu être atteintes et poursuivies avec succès. L'Association ne s'est pas désintéressée du Congrès tenu à Chicago et a adressé à l'American Copyright League et au bureau de ce Congrès un mémoire tendant à la revision de la loi, en ce qui touche la clause de refabrication. Nous savons que nos observations ont été bien accueillies et que déjà un courant s'est formé dans le sens de cette revision.

En ce qui concerne la Russie, l'Association littéraire et artistique internationale, de concert avec les grandes sociétés françaises, a délégué, pour se rendre à Saint-Pétersbourg et plaider la cause des littérateurs, un écrivain russe bien connu, M. Halperine-Kaminsky, le traducteur de Dostoïewski et de Tolstoï. Nous augurons bien de cette mission, qui, nous l'espérons, fournira à la Russie l'occasion de manifester une fois de plus ses tendances civilisatrices.

Nous suivons avec le plus grand intérêt le développement des sociétés nationales qui se constituent pour la défense des droits des auteurs. Depuis un an, l'Association des Écrivains allemands (Schriftsteller Verband) a obtenu la reconnaissance de sa personnalité civile, et son organe, *Deutsche Presse*, dont le directeur est un des présidents de l'Association internationale, M. Robert Schweichel, a pris une importance chaque jour plus grande. M. Ernest Sprelhagen, le grand romancier allemand, a résigné ses fonctions de la *Berliner Presse* et a été remplacé par M. Ernest Wickert, à qui l'Association est heureuse d'envoyer le témoignage particulier de sa reconnaissance.

La *Concordia* de Vienne, l'Association des Écrivains et Artistes de Madrid, sont restées pour l'Association des amies vaillantes et dévouées. Que MM. Nunez de Arce et Castillo y Soriano reçoivent ici, en la personne de leurs représentants, nos sincères remerciements pour le concours empressé que nous avons toujours trouvé auprès d'eux.

Rappelons encore la dette de gratitude que nous avons contractée vis-à-vis de la Société des Littérateurs italiens, dont le président, M. Visconti-Venosta, s'est montré pour nous un hôte si empressé et si généreux.

En France, à côté des grandes sociétés des Gens de lettres, des Auteurs dramatiques, des Auteurs et Compositeurs de musique, du Syndicat de la librairie, dont l'importance grandit chaque jour, nous avons à signaler la fondation de deux sociétés : l'une des Romanciers français, particulièrement intéressés dans les questions de propriété littéraire ; l'autre, d'un caractère essentiellement pratique, le Bureau des Editeurs, dirigé par notre ami M. Jean Lobel, qui, avec une activité digne des plus grands éloges, poursuit et traque la contrefaçon partout où elle se manifeste.

Enfin, Messieurs, nous saluons ici l'Association des Publicistes de Barcelone, si jeune encore, mais déjà si puissante et qui, par la cordiale et magnifique hospitalité qu'elle donne à l'Association internationale, prouve à la fois son désir et son pouvoir de combattre avec nous le bon combat de la justice et du progrès.

Ainsi que vous le voyez, Messieurs, l'œuvre que nous poursuivons depuis quinze années s'affirme chaque jour plus forte et plus active. Nous pouvons dire que nous avons eu l'audace de nous lancer les premiers en avant et le bonheur d'être les initiateurs de la convention de Berne de 1886. Tous nous ont aidés, tous nous aident. Ce nous est un encouragement précieux, et nous ne demandons d'autre récompense que la bienveillance et l'estime de ceux qui veulent bien reconnaître en nous des travailleurs modestes, mais dévoués et passionnés pour la cause, si longtemps négligée, de tous les écrivains, artistes et penseurs, qui sont les ouvriers des civilisations futures.

M. LE PRÉSIDENT invite M. CHAUMAT, délégué du Ministre de la justice, et M. DESJARDIN, délégué du Ministre de l'instruction publique, à prendre place au bureau.

M. NORDAU exprime les remerciements unanimes de l'Association à M. Lermina, secrétaire perpétuel.

La parole est donnée à M. POUILLET sur le *droit de traduction*. L'orateur dit que la traduction étant un mode de reproduction, le droit de l'auteur sur la traduction demeure absolu, comme sur l'œuvre elle-même.

L'auteur passe, l'humanité reste. L'humanité peut attendre la mort de l'auteur.

Il proteste contre les législations qui font tomber dans le domaine public le droit de l'auteur ; le droit a été discuté dans l'origine, mais, grâce à l'Association, un grand pas est fait, puisque, à la suite de la convention de Berne, le droit de l'auteur a été porté à dix ans au lieu de cinq. Le Congrès doit aller plus loin et émettre le vœu que le droit de traduction soit assimilé au droit sur l'œuvre originale.

M. Pouillet lit alors une lettre de M. Rosmini, exprimant l'idée que la traduction ne doit pas être assimilée à l'original à cause de l'infériorité de la traduction, notamment pour les feuilletons. M. Rosmini propose dans sa lettre que le droit exclusif du traducteur dure dix ans, puis tombe dans le domaine public payant, c'est-à-dire avec une redevance pour l'auteur de 5 ou 10 0/0 du prix fort.

M. Pouillet combat les propositions émises dans cette lettre. L'auteur a le droit de s'opposer à la traduction. Le droit de l'humanité, sur lequel s'oppose M. Rosmini, n'est pas chimérique, puisqu'elle est éternelle.

M. MARCEL PRÉVOST, délégué de la Société des Gens de Lettres, explique que le système proposé par M. Rosmini serait peut-être acceptable pour le livre, mais non pour le feuilleton. La Société des Gens de Lettres est pour l'assimilation du droit de traduction au droit d'auteur.

M. NORDAU combat la proposition de M. Rosmini.

Il est deux sortes d'ouvrages qui peuvent être traduits :

1° Ceux d'actualité qui peuvent avoir sur le champ une grande vogue et être tombés dans l'oubli au bout de dix ans. La proposition Rosmini protège ceux-ci ;

2° Les ouvrages de haute valeur, trop élevés pour faire leur trou immédiatement, et qui n'arrivent qu'avec lenteur au succès : « C'est ceux-là qu'au bout de dix ans vous livrez à la trahison du traducteur. »

L'orateur voudrait que l'auteur eût le droit de s'opposer à être traduit d'une manière insuffisante.

Quant à l'intérêt matériel de l'auteur, il est trahi également par la simple protection de dix ans, puisque, en cas de contrat, l'éditeur qui n'acquiert la propriété que pour dix ans ne peut offrir à l'auteur qu'une somme minime. M. Nordau se rallie donc à la proposition de M. Pouillet, car, si le droit de l'auteur est aussi long pour la traduction que pour son œuvre elle-même, il pourra faire ses conditions, par exemple imposer un nouveau traducteur quand l'édition cédée sera épuisée. En tout cas, il pourra se défendre.

M. FERRARI dit qu'il doit combattre aussi M. Rosmini, dont les idées ne dominent pas en Italie. Au contraire, la majorité des Italiens demande que le droit de traduction soit assimilé aux droits de l'auteur. Il s'associe aux conclusions du rapporteur.

M. le président met aux voix le vœu exprimé par le Congrès de Milan. Le Congrès adopte ce vœu, que l'on trouvera reproduit à la fin de ce compte rendu.

2

L'ordre du jour appelle la discussion sur le *projet de loi en matière de contrat d'édition*, dont les rapporteurs sont MM. POUILLET, OCAMPO et HARMAND.

M. POUILLET expose d'abord que la réglementation du contrat d'édition a soulevé une vive opposition à ses débuts ; mais que, depuis, cette question a été étudiée par beaucoup de personnes et que le temps est venu où l'on peut la discuter.

Il appelle l'attention sur ce point : qu'entre auteurs et éditeurs, suivant les pays, il y a des usages (ainsi, en France, la « main de passe »), et qu'en conséquence, auteurs et éditeurs ont dû être entendus simultanément.

M. Pouillet affirme, au nom de la Commission, que les rapporteurs ont toujours tenu entre les intéressés la balance égale. Et il espère que le travail de la Commission, voté par le Congrès, acquerra ainsi une autorité qui lui manque encore.

D'ailleurs, la discussion du contrat d'édition ayant été votée par les Congrès précédents, il serait répondu par la question préalable à une proposition tendant à dire que la discussion de cette question est inutile.

M. SOUCHON, néanmoins, dit qu'une résolution, votée par un nombre peut-être très restreint de personnes, ne peut engager les Congrès suivants et que le Congrès est maître de son ordre du jour.

M. MOREL, président, répond que le Congrès est libre de rejeter en bloc le projet de codification du contrat d'édition, mais après qu'il aura été discuté et qu'ainsi la liberté du Congrès est réservée.

La parole est donnée à M. ANTONIO TORRENTS Y MONNER qui lit en espagnol un projet de réglementation du contrat d'édition.

M. OCAMPO, rapporteur, rend compte à l'assemblée du travail de M. Torrents y Monner : c'est tout un projet nouveau qui se rapproche parfois, s'écarte souvent du projet présenté par ses deux co-rapporteurs et lui-même ; son étude doit en être renvoyée à la Commission qui devra en tenir compte lors de la revision des résolutions du Congrès. Il s'en détache deux idées générales qu'on peut ainsi résumer : nécessité d'un acte écrit, public ou privé, énonçant d'une manière explicite absolument toutes les clauses et conditions intervenues entre l'auteur et l'éditeur ; établissement de l'hypothèque intellectuelle ayant pour base l'enregistrement officiel de la propriété littéraire, scientifique et artistique.

Le renvoi à la Commission est adopté.

M. EISENMANN ajoute qu'il serait bon d'introduire, dans le projet, des points qui n'existent pas dans la législation française, par exemple l'arbitrage, par lequel on pourrait éviter des contestations ou les résoudre à l'amiable.

M. Pouillet répond que c'est une loi de 1855 qui a supprimé les arbitrages, mais seulement sur des questions vagues, et que le principe de l'arbitrage n'est pas contraire au droit français.

M. Souchon dit qu'il ne veut pas faire d'opposition systématique, mais qu'il tremble pour les trois rapporteurs qui ont assumé une aussi lourde tâche.

Au Congrès de Milan, on n'avait pas osé passer à la discussion.

L'Association qui, jusqu'alors, n'a discuté que sur les principes, ne peut maintenant entrer dans des détails purement pratiques.

Le contrat d'édition tient en une seule formule : « Quand l'éditeur s'est engagé à éditer, il doit éditer. » Le reste n'est que question de détail.

Si on commence par la littérature, tout y passera : peinture, musique, etc. Impossible de tout prévoir. Jamais l'Association ne pourra donner satisfaction à tous les intérêts.

Il eût fallu, pour que la discussion fût sérieuse, faire appel à tous les intéressés, auteurs et éditeurs.

Ici il n'y a que des auteurs, pas d'éditeurs. Il serait plus sage de remettre indéfiniment la discussion de cette question.

M. Pouillet répond que M. Souchon reconnaît lui-même qu'on peut discuter le contrat d'édition, puisqu'il le fait tenir en une seule formule.

M. Souchon dit qu'il y a des contradicteurs ; que ces contradicteurs viennent.

M. Souchon dit que, après la littérature, on voudra réglementer la peinture, la musique, etc., mais n'est-ce pas le devoir de l'Association de planter des jalons, de mettre des lanternes sur la route, de déblayer le terrain pour tracer la voie? Quand la voie est tracée, les travailleurs qui succèdent y pénètrent et accomplissent l'œuvre.

D'ailleurs, plusieurs législations se sont occupées du contrat d'édition : l'Allemagne, la Suisse, la Hongrie, etc. Pouvons-nous rester en arrière ?

M. Souchon répond qu'il doute que notre projet puisse contenter tous les pays, que c'est jouer un jeu dangereux, et il persiste à croire qu'on ne connaît pas assez les intérêts qui sont en question.

M. Ferrari prend la parole pour un fait personnel. Il dit que si M. Trèves, éditeur à Milan, qui, l'an dernier, s'était opposé au projet et avait promis d'envoyer son travail, ne l'a pas fait, cela tient à ce qu'un Congrès doit avoir lieu à Turin, en 1894, et qu'il se réserve de discuter ses idées devant ce Congrès.

Il dit que d'ailleurs ce que le Congrès actuel a à discuter aujourd'hui n'est pas un projet de loi, mais un travail préparatoire, et que, sans des travaux analogues, la Convention de Berne n'aurait pas été votée.

M. Pfeiffer fait observer qu'il y aura besoin de conditions particulières pour la musique, et il propose de faire, avec M. Grus, un travail préparatoire dans ce sens.

M. Ocampo, rapporteur, répond qu'un appel devait être fait justement aux musiciens, pour recueillir leurs observations; la commission a entre les mains un travail très complet : si elle n'a présenté cette année qu'un projet concernant les œuvres littéraires seules, ce n'est pas qu'elle compte se borner à ce projet.

Il fallait simplement commencer par exposer la première partie de ce travail : c'est ce qu'elle fait. Mais le rapporteur prie non seulement M. Pfeiffer, mais aussi M. Davrigny, représentant des artistes ; M. Davanne, représentant la photographie ; les peintres, les architectes qui assistent au Congrès, de formuler toutes leurs observations et de les communiquer à la Commission qui les enregistrera avec le plus grand soin.

La séance est levée à 11 heures et demie.

Séance du lundi, 25 septembre, après-midi

La séance est ouverte à 2 heures, sous la présidence de M. Calzado.

M. Georges Fleury donne lecture du procès-verbal de la précédente séance, lequel est adopté sans observations.

L'ordre du jour appelle la suite de la discussion du *projet de loi en matière de contrat d'édition.*

Rapporteurs : MM. Pouillet, Ocampo et Harmand.

Art. 1. — A défaut de convention contraire, les rapports entre les auteurs et les éditeurs sont régis par les dispositions de la loi relative au contrat d'édition.

M. Pouillet explique que le sens de cet article est celui-ci : la loi n'intervient que dans le cas où il n'y a pas eu de convention spéciale, mais seulement dans ce cas.

M. Marcel Prévost demande à supprimer le mot « contraire », sauf à voir s'il faudra le remplacer par un autre.

Cet amendement est adopté comme le principe même de l'article.

Art. 2. — *Le contrat d'édition est une convention par laquelle l'auteur d'une œuvre intellectuelle s'engage à remettre cette œuvre à l'éditeur, qui, de son côté, s'oblige à la publier, c'est-à-dire à la reproduire et à la répandre à ses frais, risques et périls.*

M. Marcel Prévost demande si cet article s'applique aux contrats où auteurs et éditeurs procèdent à frais communs. M. Pouillet répond que ces cas ne rentrent pas dans le contrat d'édition.

M. Davanne demande si cet article s'applique à la peinture et à la sculpture.

M. Ocampo répond que ces matières seront traitées séparément ; que, dans son travail préparatoire, la commission a rangé toutes les questions sous des rubriques spéciales et qu'elle n'a entendu présenter au Congrès de Barcelone que le premier de ces chapitres, c'est-à-dire celui qui se rapporte aux œuvres littéraires exclusivement ; mais il prie les artistes de noter et de présenter leurs observations, qui seront soigneusement réservées pour le travail des années suivantes.

M. Davanne transmet alors à M. Ocampo la note suivante :

« M. Davanne, faisant observer que l'article 2 semble s'appliquer uniquement aux tirages à grand nombre, demande que cet article puisse être modifié et s'appliquer à toutes les œuvres intellectuelles, telles que peinture, sculpture, etc., dont la reproduction peut n'être faite qu'à un tirage à petit nombre et même par unités successives, et qui cependant peuvent être l'objet d'un contrat entre l'auteur et le reproducteur, lequel devient ainsi un éditeur.

« Relativement au portrait, l'auteur et l'éditeur doivent avoir l'autorisation de la personne représentée. »

Sur une observation de M. Souchon, M. Pouillet, précise en même temps que le contrat d'édition n'est pas une cession. Dans le cas où il n'y aura pas eu cession clairement déterminée, l'éditeur ne pourra faire qu'un tirage uniforme et sans changement dans le format des volumes.

M. Marcel Prévost demande de préciser le mot « édition » qui, en France, signifie pour le roman cinq cent cinquante exemplaires.

M. Pouillet répond que, dans le cas actuel, le mot « édition » doit être pris dans son ancien sens de « tirage sous une seule et même forme ».

M. Pfeiffer propose d'ajouter à la suite du titre du projet de loi les mots « contrat d'édition pour les œuvres littéraires ».

M. Lermina répond qu'il faut faire d'abord la législation du contrat d'édition en général, sauf à y introduire ensuite des titres spéciaux, particuliers à chaque matière. On doit d'abord poser les principes.

M. Ocampo rappelle, une fois de plus, que la commission a déjà effectué le travail qu'on lui demande, mais qu'elle n'a entendu présenter qu'un projet de contrat pour les œuvres littéraires seules.

L'article 2, mis aux voix, est adopté.

Art. 3. — Le contrat d'édition est consenti pour une seule édition dont tous les exemplaires doivent être identiques.

Cet article est réservé, après quelques courtes observations de divers membres de l'assemblée : on définira plus loin, en effet, ce qu'est une édition.

Art. 4. — L'auteur, quand l'œuvre aura déjà été publiée en tout ou en partie, sera tenu d'en avertir l'éditeur avant la conclusion du contrat, à peine de résiliation et de dommages-intérêts, s'il y a lieu.

Quelques membres du Congrès demandent la suppression de cet article comme étant inutile.

M. Ocampo répond que toutes les législations ont prévu ce cas, qui est plus intéressant qu'on ne le pense, et M. Morel ajoute que son maintien n'est pas aussi inutile qu'on croit.

M. Ferrari expose d'ailleurs que le principe qu'on veut affirmer est le droit de l'éditeur à des dommages-intérêts et à la résiliation du contrat, mais que l'article tel qu'il est rédigé a, dans sa forme impérative, une apparence de suspicion contre les auteurs, et il propose une autre rédaction ainsi conçue : « Dans le cas où une œuvre aurait été publiée sans que l'auteur en ait averti l'éditeur, celui-ci pourrait demander la résiliation du contrat et obtenir des dommages-intérêts. »

M. Layus dit, au nom des éditeurs, qu'il s'oppose à l'admission de cet article.

M. Chaumat demande que la faute lourde de la part de l'auteur soit assimilée à la mauvaise foi et qu'elle ait pour sanction la résiliation du contrat et des dommages-intérêts ; que, du reste, il faut laisser aux tribunaux l'appréciation du fait et que tous les cas sont impossibles à prévoir.

M. Harmand soutient le texte de la commission et dit que l'auteur doit être tenu d'avertir l'éditeur s'il y a eu publication antérieure.

M. Grand-Carteret déclare qu'en qualité d'auteur il demande le maintien du texte de la Commission tel qu'il est, même avec les apparences de suspicion qu'il peut avoir pour certains auteurs.

M. Souchon pense qu'il y a équivoque sur le cas de résiliation et de dommages-intérêts. Est-ce dans le cas où il n'aura pas prévenu l'éditeur ou est-ce quand l'œuvre aura paru à l'insu de l'éditeur, qu'il y aura application de l'article 4 ?

M. Davanne propose à la commission l'interposition suivante :
« L'auteur, quand l'œuvre aura déjà été publiée, en tout ou en partie, sera tenu, avant la conclusion du contrat, d'en avertir l'éditeur, qui pourra demander la résiliation et, s'il y a lieu, des dommages-intérêts. »
L'article 4 est mis aux voix et renvoyé à la commission pour rédaction nouvelle. Il y a eu trois voix pour la supression pure et simple.

Art. 5. — *L'auteur est tenu de livrer à l'éditeur l'œuvre qui fait l'objet du contrat, complète et propre à sa reproduction.*
Si l'œuvre doit paraître par parties séparées, l'auteur aura la même obli-

gation pour chacune de ces parties. A défaut de stipulation, le délai sera fixé par le juge après mise en demeure préalable.

Cet article est adopté sans discussion.

ART. 6. — *L'éditeur sera tenu de publier l'œuvre telle qu'elle lui est remise par l'auteur.*

Toute modification, suppression ou addition, même sous forme de notes ou de préfaces non consenties par l'auteur, sont interdites.

Il en est de même si l'auteur vient à décéder avant ou après la remise de l'œuvre à l'éditeur.

Toutefois il est fait exception pour les œuvres de science ou de pédagogie, qui pourront être tenues au courant des progrès de la science ou des programmes de l'enseignement, à condition que ces corrections ne puissent changer la nature, l'importance, l'esprit ou le but de l'œuvre. Ces corrections, quand l'auteur aura refusé de les faire lui-même, devront être clairement distinguées du reste de l'œuvre.

Les trois premiers paragraphes ne prêtent pas à la discussion.

Mais, à propos du dernier paragraphe, M. DAVANNE dit que le droit d'opérer un changement dans l'œuvre de l'auteur ne devrait être accordé à l'éditeur que dans le cas de mort de l'auteur, mais non tant que l'auteur sera en vie.

M. POUILLET répond par un exemple pratique. Un auteur a fait une géographie en 1880. A cette époque le cours d'un fleuve d'Afrique, le Congo par exemple, était tracé d'une manière inexacte. Depuis ce temps, le cours du Congo a été fixé. L'auteur refuse de faire aucune rectification. L'ouvrage est un ouvrage pédagogique. L'éditeur devra-t-il s'incliner devant les fantaisies déraisonnables de l'auteur ? Non, puisque la correction nécessitée par les découvertes nouvelles de la science n'est qu'une simple correction matérielle, ne changeant en rien l'esprit de l'ouvrage.

M. OSTERRIETH dit qu'alors il faut forcer l'auteur à des modifications nécessaires.

M. EISENMANN expose que c'est bien là le cas d'imposer l'arbitrage dont il parlait dans la précédente séance. Il cite l'exemple des difficultés soulevées à l'occasion d'un code civil allemand annoté après la mort de l'auteur, et qui furent réglées par arbitrage.

M. ALLART propose la suppression pure et simple du paragraphe. En pratique, ces corrections sont impossibles. On a parlé géographie. Admettons qu'il s'agisse de médecine. Un médecin a fait une découverte : au bout de quelque temps, la science a marché, et la découverte est reconnue sans valeur ; jamais le médecin, qui croit toujours qu'il a raison, ne consentira à un changement quelconque. L'y contraindrez-vous ? Si vous l'y contraignez, c'est atteindre l'œuvre elle-même dans son esprit.

M. Harmand avoue que changer les théories, c'est atteindre l'œuvre dans son esprit, mais qu'il ne s'agit ici que de simples corrections dans le texte.

M. Nordau fait une distinction entre les œuvres d'imagination et les œuvres de la science. L'œuvre d'art est intangible ; elle porte la marque de l'auteur : tout doit y être respecté, même les fautes d'orthographe ; mais il n'en est pas de même des œuvres scientifiques. La science n'atteint jamais le vrai absolu. Elle est impersonnelle. Aucune découverte ne dure. La seule chose qui subsiste, c'est le fait.

Pendant des années, la chimie à été dominée par des théories renversées depuis par Lavoisier.

En médecine, Broussais, qui a eu une si grande influence, est devenu presque ridicule à la suite des travaux de Trousseau et de Virchow.

En science, les notes augmentent la valeur de l'œuvre. Qui est-ce qui lirait la *Biologie* d'Aristote, si Pouchet n'y avait pas ajouté ses commentaires ?

Donc, dans les ouvrages scientifiques, l'esprit de l'auteur n'est rien. Laissez à l'éditeur la liberté de faire les corrections nécessitées par la marche en avant de la science.

M. Lermina soutient que, dans les œuvres scientifiques, l'esprit de l'auteur a autant d'importance que dans les œuvres d'art ; qu'on revient de nos jours à des œuvres méprisées depuis des siècles, et que Porta, Paracelse et Raymond Lulle sont de nouveau étudiés, et qu'on y retrouve des vérités oubliées. « Attendez au moins cinquante ans, pour faire vos corrections et toucher au texte ! »

M. Pouillet défend le texte de la Commission, et répond par cet exemple : qu'un éditeur ait acheté un ouvrage pédagogique pour tirer à 100,000, un atlas par exemple. Ce qui était vrai au moment de l'achat est devenu faux. Une province a changé de nationalité. L'auteur refuse de faire aucun changement à son ouvrage : l'éditeur doit-il rester exposé au chantage possible de l'auteur ?

M. Poggio répond par l'affirmative et en soutenant le droit imprescriptible de l'auteur sur son œuvre.

M. Davrigny dit que, dans le paragraphe spécial aux œuvres traitant de l'enseignement du dessin, il y aura un danger réel pour l'auteur, l'éditeur pouvant intercaler des dessins étrangers, sans changer l'esprit de l'œuvre.

M. Ocampo répond que les deux dernières lignes de l'article obvient à cet inconvénient, puisqu'il faudra citer le nom de l'artiste nouveau.

M. Layus déclare au nom des éditeurs que, comme éditeur, il ne veut pas être protégé ; que le droit des auteurs sur leur œuvre est absolu.

M. Ocampo réplique en citant le texte élaboré par la Bourse des Libraires allemands, qui fait une distinction entre le cas où l'auteur n'a pas eu connaissance de la publication et celui où il l'a connue.

M. Morel propose un amendement ainsi conçu : « Lorsque l'auteur aura refusé de faire les corrections nécessaires, l'éditeur pourra se faire autoriser à insérer ces corrections. »

M. Corominas soutient l'amendement de M. Morel.

M. Grand-Carteret demande la parole pour un amendement au paragraphe contesté de l'art. 6. Il propose de rédiger le texte de la dernière phrase de la manière suivante : « Ces corrections, quand l'auteur aura refusé de les faire lui-même, devront être publiées sous forme de supplément à l'ouvrage avec renvoi au texte. »

M. Ocampo dit que, pratiquement, l'idée de M. Grand-Carteret est celle qui serait admise si l'œuvre était déjà imprimée, mais, dans le cas où l'ouvrage n'est que préparé, on pourrait fort bien se passer de suppléments ; mais, pour sa part personnelle, puisqu'un éditeur désire la suppression de cette restriction aux droits de l'auteur, il ne demande pas mieux que de supprimer, pour l'éditeur, un droit qui était tout en sa faveur : il fait d'ailleurs remarquer que les éditeurs repoussent avec soin tout ce qui peut sembler, dans le projet, ménagé à leur profit, tactique qui n'est pas dépourvue d'habileté.

M. Osterrieth fait remarquer que l'article 6 se trouve en contradiction avec l'article 3, puisque l'article 6 suppose la possibilité que plusieurs éditions aient été faites, ce qui n'est pas conforme à l'article 3 du projet.

M. Souchon dit que le Congrès ne doit affirmer que des principes. Moins il y aura d'énumérations, mieux vaudra l'œuvre du Congrès.

M. Marcel Prévost se rallie à la proposition de M. Morel.

On passe alors au vote.
Les paragraphes 1, 2 et 3 sont adoptés à l'unanimité.
Le 4e paragraphe est rejeté purement et simplement, par 18 voix contre 11, après deux épreuves successives.

La séance est levée à 4 heures et demie.

———————

Séance du mardi, 26 septembre, matin

La séance est ouverte à 9 heures et demie, sous la présidence de M. Corominas.

M. Lobel donne lecture du procès-verbal de la précédente séance, rédigé par M. Georges Fleury. Ce procès-verbal est adopté sans observations.

L'assemblée continue la discussion du *projet de loi en matière de contrat d'édition.*

M. Pouillet propose de renvoyer définitivement à la Commission d'études de l'Association artistique et littéraire les deux projets dus à l'initiative de MM. Eisenmann et Torrents y Monner, organisant, le premier la juridiction arbitrale, le second l'hypothèque intellectuelle, ainsi qu'il a été exposé à la précédente séance.

M. Eisenmann déclare se rallier à cette proposition, qui est adoptée par le congrès.

L'honorable rapporteur soumet à l'assemblée, avec les observations de la Commission, les textes nouveaux proposés pour les articles 1 et 4.

« L'article 1 sera ainsi rédigé : *A défaut de convention entre les parties, les rapports entre les auteurs et les éditeurs sont régis par les dispositions de la loi relative au contrat d'édition.* »

Le texte suivant, proposé par M. Ferrari, est adopté :

Art. 4. — *Quand l'œuvre aura déjà été publiée, en tout ou en partie, sans que l'éditeur en ait été prévenu, celui-ci pourra demander la résiliation du contrat et, s'il y a lieu, des dommages-intérêts.*

La suite de l'ordre du jour appelle la discussion de l'article 7.

Art. 7. — *L'éditeur doit, en principe, commencer l'impression aussitôt après la remise définitive de l'œuvre, ou des parties de l'œuvre, si l'œuvre paraît par parties.*
A défaut par l'éditeur de l'avoir fait, l'auteur aura le droit de reprendre son œuvre, sans préjudice des dommages-intérêts qui pourraient lui être dus.
L'impression, une fois commencée, doit être continuée sans retard.

M. Grus fait observer que l'article 7 ne pourra pas être appliqué en matière d'édition d'opéras. L'œuvre n'est définitive qu'après la première représentation.

M. Pouillet reconnaît le bien fondé de cette réserve : L'usage contraire est général : on en prendra note.

L'article 7 est adopté sans autre observation.

Art. 8. — L'auteur est tenu de corriger les épreuves et de les retourner à l'éditeur dans le plus bref délai possible. Il aura le droit d'avoir deux épreuves en placard et deux de mise en page ; ces épreuves sont aux frais de l'éditeur.
Chaque épreuve devra être remise en double exemplaire à l'auteur qui pourra en conserver un.

L'auteur pourra faire sur les placards telles modifications et remaniements qu'il jugera nécessaires.

Il pourra sans aucune indemnité pour l'éditeur, tenir l'œuvre au courant des progrès de la science.

Il aura le droit de demander des épreuves supplémentaires et de faire après la mise en page telles modifications et remaniements qu'il jugera nécessaires, à charge par lui de payer les frais imprévus qu'il imposerait par là à l'éditeur. L'éditeur conserve d'ailleurs la faculté de s'opposer aux changements qui modifieraient la nature, l'importance, l'esprit ou le but de l'œuvre.

M. Souchon demande au nom du bon sens la suppression de l'article 8. Il est dangereux et inutile, de nature à faire naître d'innombrables procès.

« Vous voulez introduire dans un code international les usages de la librairie française.

« En entrant dans une infinité de détails, vous hérissez d'insurmontables difficultés votre œuvre future.

« Vous ne pouvez avoir la prétention de régler toutes les contestations qui peuvent surgir à l'occasion de la correction des épreuves ! »

M. Pouillet répond : « M. Souchon demande la suppression de toutes les dispositions favorables aux éditeurs. Son but est visible : après avoir combattu la loi dans ses grandes lignes, il veut la faire repousser par les éditeurs comme contraire à leurs intérêts. M. Souchon est-il bien certain que les principes de l'article 8 sont contraires aux législations et aux usages des autres nations ?

« Il est nécessaire de protéger l'éditeur contre les remaniements et de le mettre à l'abri des dépenses que l'auteur pourrait lui imposer.

« Or c'est ce que prévoit le projet des rapporteurs. »

M. Allart pense que l'article 8 tente une règlementation impossible ; il entre dans des détails indignes d'un congrès qui doit borner son œuvre à des résolutions générales.

« En maintes circonstances une seule épreuve peut suffire ; souvent deux seront insuffisantes. »

M. Pouillet : « Nous ne maintenons pas ne varietur le chiffre d'épreuves proposé. Mais proposez-vous de supprimer la mention que les épreuves seront aux frais de l'éditeur ? »

M. Allart « Certes : il conviendrait de s'en référer aux usages. »

M. Pouillet : « C'est le système de ceux qui ne veulent pas de loi sur le contrat d'édition. »

M. Ocampo fait observer que le projet de loi des libraires allemands prévoit et fixe le nombre d'épreuves.

M. Grus demande qu'il n'y ait point de règlementation à ce sujet, en matière d'éditions musicales.

M. Grand-Carteret indique que la disposition de l'article 8 rendrait
fort difficile la publication du livre illustré : celle-ci entraîne aujourd'hui
la remise de cinq épreuves.

Il se demande si l'article 8 n'est pas en contradiction avec l'article 6
qui défend les modifications à l'œuvre.

M. Pouillet répond : « L'article 23 règle — sous l'empire des considérations que M. Grand-Carteret avait précédemment développées —
l'édition de livres illustrés. L'article 6 vise la modification, par l'auteur,
de son œuvre, dans un autre but ou un autre esprit. L'observation n'est
donc pas d'une justesse absolue. »

M. Grand-Carteret ne pense pas que l'article 23 vise la vignette ;
M. Pouillet assure que la pensée des rédacteurs du projet la visait au
contraire : il veut bien le croire, mais n'en est pas certain.

M. Marcel Prévost propose de renvoyer à l'usage et, pour le cas
où l'on voudrait fixer une règle, de laisser aux frais de l'auteur les modifications postérieures au bon à tirer.

M. Grenet-Dancourt : « A la condition qu'elles ne soient pas récla-
mées par l'éditeur. »

M. Marcel Prévost résume ainsi les modifications qu'il demande :

Art. 8. — L'auteur est tenu... etc... aux frais de l'éditeur.
L'auteur devra recevoir de l'éditeur le nombre d'épreuves conforme à
à l'usage, suivant la nature de la publication.
Supprimer le paragraphe 4.
Les corrections sont aux frais de l'éditeur jusqu'au bon à tirer, aux frais
de l'auteur après le bon à tirer.
Supprimer le paragraphe 6.

M. Souchon s'élève à nouveau contre les stipulations de l'article 8 :
« Vous avez ouvert une mine à procès ! » s'écrie-t-il.

M. Pouillet : « C'est votre *Delenda Carthago !* »

M. Prost croit que l'on pourrait fixer un minimum, mais non un
maximum d'épreuves.

M. Grenet-Dancourt : « Et, en cas de collaboration, qui aura le
droit d'exiger des épreuves supplémentaires ; qui aura le droit de se
contenter des épreuves ordinaires ? »

Et, à ce propos, l'orateur souhaite que la question de la collaboration
soit mise à l'étude d'un prochain congrès.

Après un vif échange d'observations, l'article 8 est renvoyé à la commission, afin qu'elle en fournisse une nouvelle rédaction.

M. Morano remplace M. Corominas au fauteuil de la présidence.
L'assemblée aborde l'examen de l'article 9.

Art. 9. — L'auteur est tenu de fournir à l'éditeur son bon à tirer, à peine de résiliation, avec dommages-intérêts, s'il y a lieu.

M. Grenet-Dancourt pense qu'il convient de sauvegarder l'auteur contre la mauvaise foi de l'éditeur qui prétendrait ne pas avoir reçu le bon à tirer. Il demande comment la règle sera encore appliquée en cas de collaboration.

M. Harmand désire rassurer M. Grenet-Dancourt : « Nous avons réservé les dispositions relatives à la collaboration, l'édition en participation. Ces questions seront résolues lorsque les droits de l'auteur et de l'éditeur isolés seront fixés. »

M. Pouillet indique que la question de la collaboration touche, par nombre de points, le droit d'auteur : elle devra faire l'objet d'un examen isolé et prochain. Il espère que M. Grenet-Dancourt ne refusera pas son concours à cet examen.

M. Grenet-Dancourt croit qu'il serait utile que l'éditeur dût fournir reçu du bon à tirer.

M. Marcel Prévost déclare qu'il n'a jamais fourni de bon à tirer.

M. Eisenmann fait observer que le bon à tirer est inconnu en Allemagne.

M. Lermina pense qu'il serait suffisant d'obliger l'auteur à fournir le bon à tirer à l'éditeur lorsque celui-ci le réclame.

M. Desjardin propose d'inscrire dans la loi un délai, à courir d'une mise en demeure, et endéans lequel l'auteur devra fournir le bon à tirer. Il se rallie à la rédaction proposée par M. Lermina : « L'auteur ne peut refuser de fournir à l'éditeur qui le demande son bon à tirer, à peine de résiliation, avec dommages-intérêts, s'il y a lieu. »

M. Souchon tire de la discussion la conclusion que l'article 9 est inutile et doit être supprimé.

La proposition de suppression de l'article est repoussée, et l'article est renvoyé à la commission pour rédaction nouvelle.

M. Desjardin remplace M. Morano au fauteuil de la présidence.

Art. 10. — Le tirage sera effectué par l'imprimeur sur le vu d'un bon à tirer précisant le nombre d'exemplaires à imprimer et signé de l'auteur et de l'éditeur.

Le bon à tirer sera conservé par l'éditeur, qui devra le représenter à l'auteur à toute réquisition.

Le bon à tirer ne comprend pas : 1° les exemplaires destinés à la publicité ou, le cas échéant, au dépôt légal ; 2° les exemplaires dus gratuitement à l'auteur ; 3° les exemplaires destinés à remplacer ceux qui seraient gâtés en cours de publication, leur nombre ne pouvant en aucun cas dépasser cinq pour cent du tirage convenu.

L'éditeur devra se faire remettre par l'imprimeur et le brocheur une déclaration contenant le chiffre exact des exemplaires livrés, et il transmettra cette déclaration à l'auteur dans les quarante-huit heures de la livraison.

L'imprimeur, d'autre part, doit inscrire sur ses livres le nombre des exemplaires de chaque ouvrage tirés par lui et il ne peut refuser de donner à l'auteur, pour lui permettre son contrôle, l'état des livraisons faites.

M. POUILLET expose les motifs qui ont amené la commission à proposer l'article 10 : « Sans doute il peut paraître compliqué, il aborde un ordre d'idées nouvelles ; mais il cherche à mettre fin aux conflits qui s'élèvent actuellement entre auteurs et éditeurs, à rendre impossibles, par un contrôle organisé, les fraudes des tirages plus considérables. »

M. ALLART croit que l'article 10 est la condamnation du projet de loi :

« Vous ne pouvez déterminer ce qu'il faut entendre par une édition. L'article 10 montre l'éditeur et l'auteur en présence dans un conflit insoluble ; vous avouez l'impossibilité de fixer une règle invariable, que vous puissiez imposer à l'une ou à l'autre des parties. » L'orateur propose la suppression du premier paragraphe de l'article.

M. POUILLET répond que le chiffre du tirage varie à l'infini selon la nature de l'œuvre : « Nous avertissons les parties, dit-il, de la nécessité de signer ensemble le bon à tirer. En cas de conflit, les tribunaux apprécieront d'après les usages.

« Examinez le moyen de contrôle que nous proposons. Ajournez, si vous le désirez, l'article à une autre session ; mais ne le repoussez pas, sans autre délibération. »

M. PRÉVOST estime fort ingénieux le moyen de contrôle des tirages proposé par la commission. Il pense qu'il est impossible de mettre d'accord l'auteur et l'éditeur sur le chiffre du tirage, s'ils ont des droits égaux pour fixer ce chiffre. L'auteur romancier sollicitera toujours un tirage supérieur à celui admis par l'éditeur.

M. POUILLET pense que des usages s'établiront bientôt, qui permettront de trancher de pareils conflits. Mais, ce qu'il convient de faire, c'est de protéger les auteurs contre la fraude de certains éditeurs, qui se livrent à des tirages supérieurs à ceux qui ont été autorisés.

M. LAYUS proteste contre l'argument qu'on ne cesse de reproduire, emprunté au procès Léo Taxil. Le cas est isolé, et, s'il s'est rencontré un éditeur malhonnête, ce n'est point une raison pour prendre des mesures de défiance contre tous les autres.

M. POUILLET pense que le cas n'est malheureusement pas isolé. L'article 10 n'est pas une œuvre de défiance, mais de protection.

M. GRAND-CARTERET approuve la mesure de garantie que tend à introduire l'article 10. Elle est surtout recommandable vis-à-vis des tirages de luxe. L'orateur critique seulement certaines mesures de détail.

M. Eisenmann demande si les précautions de l'article 10 suffiront pour empêcher l'éditeur malhonnête de se livrer à une coupable industrie.

« Qui ne recule pas devant la fraude, ne reculera pas devant le faux. »

M. Pouillet répond que le faux entraîne les travaux forcés ; il ne pourra être accompli sans le concours de complices. Ces circonstances donneront à réfléchir à ces éditeurs.

M. Souchon se rassure en pensant que l'œuvre de la commission ne deviendra définitive que l'an prochain. D'ici là, on pourra peut-être découvrir des formules plus nettes, plus précises. En attendant, il estime que le § 2 confine au vaudeville et qu'il faut attendre tout, par cette rédaction, d'un auteur ayant à se venger d'un éditeur et venant le réveiller chaque matin pour se faire montrer son bon à tirer...

M. Lermina n'a jamais eu à se plaindre de ses éditeurs ; mais ceux que nous voulons protéger, ce sont les jeunes débutants dont l'œuvre ne se vend pas, qui entrent en discussion avec leurs éditeurs.

M. Layus signale que le service de timbrage organisé par le cercle de la librairie pour les publications de luxe fournit déjà un moyen de contrôle.

M. Osterrieth fait observer que, la librairie allemande ne connaissant pas le bon à tirer, la disposition proposée serait sans application en Allemagne.

M. M. Prévost pense que, en effet, l'on discute d'après les usages de la librairie française, et qu'il y aurait intérêt à connaître l'opinion des délégués étrangers.

M. Eisenmann estime que la loi devrait être divisée en deux parties : la première très concise exprimerait les principes généraux et de droit international, l'autre comprendrait les usages locaux et variables.

M. Pouillet demande s'il existe en Allemagne un moyen de réprimer les fraudes dans les tirages.

M. Eisenmann répond négativement : « Mais nous avons, dit-il, des moyens plus certains pour découvrir la fraude et la punir selon les règles du droit commun. Ce qu'il conviendrait, ce serait d'organiser une juridiction plus expéditive. »

M. Ferrari rappelle que le bon à tirer est inconnu en Italie, mais il croit qu'il serait très désirable d'introduire cet usage dans tous les pays où il n'existe pas.

L'assemblée adopte le principe de l'article 10, § 1 : institution du bon à tirer collectif, et se décide pour le renvoi à la commission du surplus du texte.

M. Ocámpo propose alors le vœu général suivant qui permettra au Congrès de poursuivre l'examen du projet sans prendre un parti définitif, quant à la rédaction sur chacun de ses articles :

Le Congrès émet le vœu que les modifications proposées par lui au projet de loi en matière de contrat d'édition présenté par l'Association littéraire et artistique internationale fassent l'objet d'une discussion ultérieure, et que le texte de ce projet soit soumis, après avoir été amendé, au Congrès de 1894.

Ce vœu est adopté.

La séance est levée à 11 heures 30.

Séance du mardi, 26 septembre, après-midi

La séance est ouverte à 2 heures 10, sous la présidence de M. Des-JARDIN.

M. P. Wauwermans donne lecture du procès-verbal de la précédente séance, lequel est adopté sans observations.

L'assemblée continue l'examen du projet de loi sur le contrat d'édition.

M. Pouillet prie l'assemblée de limiter la discussion aux questions de principe ; les textes proposés ne constituent qu'un avant-projet ; les modifications de détail seraient utilement soumises à la commission qui les examinera et en tiendra compte s'il y a lieu.

M. Pouillet développe ensuite les motifs qui ont inspiré les articles suivants :

Art. 11. — *L'auteur aura seul le droit de déterminer les qualités et qualifications qu'il convient de prendre en vue de la publication.*
L'éditeur, même au cas où l'auteur lui aurait cédé tous ses droits, ne pourra jamais changer ses qualités ou qualifications sans le consentement formel de l'auteur, soit dans les publications, soit dans les annonces faites en vue de la publication.
Art. 12. — *Le prix de vente, à défaut d'accord entre les parties, sera fixé par l'éditeur qui le fera connaître immédiatement à l'auteur.*

Ces articles sont adoptés sans observation.

Art. 13. — *Des honoraires sont dus à l'auteur toutes les fois qu'il n'y a pas renoncé d'une manière expresse ou tacite.*
Ils doivent être réglés en totalité lorsque l'édition est mise en vente.

Sur la proposition de M. Eisenmann, les mots « ou tacite » sont retranchés du texte de l'article 13, § 1.

M. Grand-Carteret estime que les honoraires sont dus dès que les exemplaires sont tirés, mais qu'il est inadmissible de forcer l'éditeur au payement de la totalité des honoraires avant la mise en vente.

M. Pouillet est d'accord sur ces principes; la commission a voulu exprimer que les honoraires seraient dus du jour où l'édition est achevée, et qu'ils ne sont pas payables au fur et à mesure de la mise en vente et d'après le nombre d'exemplaires vendus.

M. Prévost demande si ce principe est accepté par les éditeurs.

M. Lavus répond affirmativement, mais sous réserves de convention contraire, ajoute-t-il.
La rédaction définitive de l'article est réservée.

M. Prévost signale l'intérêt qu'auront dès lors les auteurs à fixer un chiffre de tirage le plus élevé possible.

Art. 14. — La publicité est faite aux frais et risques de l'éditeur à charge par lui d'en faire connaître l'étendue à l'auteur.
L'auteur, outre les exemplaires gratuits auxquels il a droit, pourra toujours se faire remettre d'autres exemplaires, en tenant compte de leur prix à l'éditeur, déduction faite de la plus forte commission consentie par celui-ci.

M. V. Souchon s'inquiète de la charge nouvelle imposée à l'éditeur, relativement au contrôle de la publicité.

M. Lermina pense qu'il est nécessaire de soumettre à l'auteur la forme de la publicité; l'étendue donnée à celle-ci peut lui être indifférente; il n'en peut être de même au sujet de la forme.

M. Pouillet indique que la commission poursuivait le but de soumettre au contrôle de l'auteur le mode de publicité. Ainsi, par exemple, l'auteur pourra interdire l'annonce sous telle ou telle forme, dans tel ou tel journal.
L'article est renvoyé à la commission pour rédaction nouvelle.

Art. 15. — L'éditeur ne pourra céder qu'à son successeur les droits qu'il tient du contrat d'édition.

L'article est adopté en principe, mais renvoyé à la commission : le Congrès désire que l'éditeur ne puisse pas céder ses droits à un autre qu'à son successeur, qu'il les tienne d'une convention spéciale ou du contrat d'édition en discussion.

M. Chaumat remplace M. Desjardin au fauteuil de la présidence.

Art. 16. — *En cas de vente en solde des exemplaires restés en magasin, l'éditeur sera tenu d'en avertir l'auteur, qui pourra exercer un droit de préemption.*

3

Cet article est adopté après un court échange d'observations.

Art. 17. — *En cas de déclaration de faillite de l'éditeur, l'auteur peut demander la résiliation, s'il ne reçoit pas du syndic des garanties suffisantes pour l'exécution du contrat dans son intégralité, à charge par lui d'offrir le remboursement des dépenses utiles faites pour la publication de l'œuvre.*

M. Lermina ne croit pas que l'avantage réservé à l'auteur, et consistant dans le droit de rachat, soit de nature à satisfaire celui-ci. L'auteur n'aura généralement pas les moyens d'exercer ce droit.

M. Chaumat estime que l'article 17 ne peut être introduit dans le contrat d'édition ; il vise une situation qui doit être réglée par la législation spéciale sur les faillites.

M. Pouillet est, au contraire, d'avis qu'une situation spéciale doit être faite à l'auteur ; il est impossible de la lui créer à défaut d'une disposition spéciale à introduire dans la loi actuelle.

M. Ferrari pense que l'auteur est en droit d'obtenir une situation privilégiée au même titre que d'autres créanciers qui jouissent actuellement d'autres privilèges. Il est donc partisan d'une disposition qui lui accorderait cette situation.

M. Eisenmann accepterait l'insertion dans la loi sur le contrat d'édition de la disposition proposée.

M. Nordau demande s'il ne conviendrait pas de dire que le contrat d'édition pourrait être résilié de plein droit en cas de faillite. Les exemplaires déjà établis pourraient néanmoins être écoulés.

L'article 17 est adopté après suppression de la clause de remboursement des dépenses utiles pour la publication de l'œuvre.

Art. 18. — *Le contrat d'édition est résilié de plein droit :.*
1° *Quand la publication tombe sous le coup d'une loi pénale votée postérieurement à la formation du contrat;*
2° *Quand l'œuvre originale périt par cas fortuit : toutefois, s'il est établi que l'auteur possède un second exemplaire de son œuvre, il sera tenu de le remettre à l'éditeur dans le plus bref délai.*

Cet article est adopté sans observations.

Art. 19. — Lorsque l'édition prête à paraître périt par cas fortuit, en tout ou en partie, l'éditeur est tenu de rétablir les exemplaires détruits.

S'appliqueront en ce cas, s'il y a lieu, les dispositions prévues ci-dessus, relativement à la remise par l'auteur d'un second exemplaire de l'œuvre, s'il en possède un.

M. Lermina s'élève contre l'obligation pour l'éditeur de rétablir les exemplaires détruits par cas fortuit : l'éditeur peut se trouver ruiné, par un cas de force majeure, et être dans l'impossibilité d'exécuter son contrat.

Après un échange d'observations, M. EBELING propose de laisser à l'auteur le droit de s'adresser à un autre éditeur, si l'éditeur primitif ne croit pas devoir consentir à un nouveau sacrifice. Il propose la rédaction suivante :

« Lorsque l'édition prête à paraître périt par cas fortuit, en tout ou en partie, l'éditeur est tenu de rétablir les exemplaires détruits.

« En cas de refus de la part de l'éditeur, le contrat passé entre l'éditeur et l'auteur est annulé, si ce dernier l'exige. »

M. POUILLET se rallie à cette proposition, et le texte de l'article 19 est renvoyé à la commission.

ART. 20. — *L'auteur est tenu d'assurer à l'éditeur la libre jouissance des droits cédés. Il ne peut rien faire qui soit de nature à nuire à l'écoulement de l'œuvre.*

Toutefois, l'auteur pourra, dans le cas où les 19/20 de l'édition concédée seront écoulés, en faire préparer une nouvelle.

M. PRÉVOST demande si l'auteur a le droit de préparer l'édition nouvelle sitôt les 19/20 écoulés. Sur réponse affirmative, il émet l'avis que cette clause opérera une révolution dans les usages actuels. L'autorisation de convention contraire empêchera les effets utiles de cette disposition, au profit des jeunes auteurs. M. Prévost pense qu'il serait équitable d'accorder à l'éditeur qui a traité pour une seule édition un droit de préférence pour les éditions suivantes.

M. POUILLET répond que ce droit pourra faire l'objet de réserves dans les conventions particulières.

L'article 20 est adopté.

ART. 21. — Quand l'éditeur a acquis le droit de faire une ou plusieurs rééditions, toutes les stipulations relatives à la première édition sont applicables aux rééditions suivantes.

L'éditeur est tenu de préparer l'édition nouvelle aussitôt que les 19/20 de la précédente sont écoulés.

M. EISENMANN demande si toutes les stipulations relatives à la première édition peuvent être appliquées à la seconde, ainsi que celles relatives au chiffre du tirage.

M. POUILLET répond que le chiffre du tirage primitif ne doit pas être modifié, à défaut bien entendu de fixation conventionnelle d'un autre chiffre.

L'article est renvoyé à la commission.

ART. 22. — L'éditeur devra prévenir l'auteur, dans le cas où il ferait tirer l'œuvre au moyen de planches stéréotypées. L'auteur, toutefois, ne pourra jamais être privé, pour les éditions à tirer avec ces planches, du droit de modification et de remaniement prévu à l'article 8.

Sur interpellation de M. GRAND-CARTERET, M. POUILLET déclare qu'il est bien entendu que l'auteur devra supporter les frais du nouveau cliché, qu'il réclamera après le premier bon à tirer.

La rédaction de l'article est renvoyée à la commission.

ART. 23. — Le contrat d'édition s'applique tant au livre avec dessins ou figures qu'aux figures ou dessins sans texte, qu'il s'agisse d'illustrations, de plans, de dessins d'architecture, de cartes ou figures scientifiques techniques ou autres.

Les épreuves seront tirées en double exemplaire. L'auteur des illustrations, plans, dessins d'architecture, de cartes ou figures, aura droit, concurremment avec le graveur, à autant d'épreuves qu'il sera nécessaire pour la bonne reproduction.

Les corrections de l'auteur et du graveur, ainsi que leur bon à tirer, se feront sur la même épreuve.

M. GRAND-CARTERET s'effraie des détails que prévoit l'article 23. M. POUILLET consent à ce que l'on retranche tout ce qui a trait au métier. Que l'on s'en réfère, ici encore, à l'usage.

L'article 23, adopté en principe, est renvoyé à la Commission.

M. DAVRIGNY présente, au sujet de cet article, un projet en huit articles concernant les œuvres artistiques.

La communication de M. DAVRIGNY, soulevant des questions complexes, est renvoyée à la commission d'études, qui sera saisie du projet que M. DAVRIGNY dépose sur le bureau.

ART. 24. — *L'auteur reste propriétaire du manuscrit comme du dessin original destiné à être reproduit ; il conserve les droits de propriété littéraire et artistique, sauf ce qui sera dit à l'article suivant.*

M. LERMINA signale l'importance de l'article 24 : les éditeurs d'illustrés se croient actuellement propriétaires du dessin, du cliché, du droit de reproduction. Nous proposons de réagir.

M. DAVRIGNY propose d'abandonner à l'éditeur la propriété du dessin ; l'éditeur paiera davantage à l'auteur à raison de cet abandon.

L'article 24 est adopté malgré l'opposition de M. LAYUS.

ART. 25. — *L'éditeur a le droit, jusqu'à l'expiration du contrat, de faire respecter la propriété littéraire ou artistique de l'œuvre, sans préjudice du droit personnel appartenant à l'auteur.*

Quand l'œuvre est anonyme, et aussi longtemps que l'auteur ne se fait pas connaître, l'éditeur est seul investi, vis-à-vis des tiers, de tous les droits résultant de la propriété littéraire et artistique.

Cet article est adopté sans observations.

ART. 26. — *Les relations des auteurs et éditeurs ou directeurs de journaux ou publications périodiques sont réglées par les dispositions relatives au contrat d'édition (art. 1, 3, 4, 5, 6, § 1, 2 et 3; 11, 13, § 1; 15, 17, 18, 20, § 1; 21, 23, 24 et 25).*

L'éditeur ou directeur n'a le droit de reproduire les articles ou les œuvres qui lui sont confiés que dans le numéro du journal ou de la publication périodique pour lequel ils lui sont remis ou dans lequel ils paraissent.

Ces articles ou œuvres ne peuvent être reproduits par leur auteur avant l'expiration d'un délai qui ne pourra être moindre d'un mois à compter de leur complète publication.

Il en est de même pour les dessins et suites de dessins.

Une discussion surgit sur le point de déterminer après quel délai un auteur pourra reproduire l'article publié dans un journal ou une revue.

M. LERMINA signale qu'actuellement aucune restriction de ce genre n'existe. Les éditeurs seront toujours libres de fixer pareille stipulation.

Le paragraphe 3 de l'article 26 est supprimé.

Le reste de l'article est adopté.

ART. 27. — *L'Éditeur qui tirera un nombre d'exemplaires supérieur à celui qui est fixé par le bon à tirer, par la déclaration prévue à l'article 10, ou par la convention des parties, sera déclaré contrefacteur pour les exemplaires dépassant ce nombre, sans préjudice des dispositions pénales de droit commun, qui pourraient lui être appliquées.*

Cet article est adopté sans observations.

L'ensemble du projet, sous réserve des modifications à la rédaction des articles renvoyés à la commission, *est adopté* par plus des deux tiers des membres du Congrès, contre moins d'un tiers d'opposants et d'abstentions.

La séance est levée à 4 heures 10.

Séance du mercredi, 27 septembre, matin

La séance est ouverte à 9 heures, sous la présidence de M. POUILLET.

Le procès-verbal, lu par M. WAUWERMANS, est adopté sans modification.

M. SOUCHON demande la mise à l'ordre du jour d'une question devenue urgente par suite du vote par la Chambre des députés de France de la proposition due à M. Gaillard et à plusieurs de ses collègues.

Le Congrès se rallie sans discussion à la motion de M. Souchon.

L'orateur expose qu'il avait proposé et fait adopter au Congrès de Milan un vœu ainsi conçu : « L'exécution ou représentation publique d'une œuvre, sans le consentement de l'auteur, doit toujours être considérée comme illicite, fût-elle organisée sans aucun but de lucre et même dans un esprit d'émulation ou de bienfaisance. »

La proposition de loi récemment votée à la Chambre des députés de France, sur la gratuité des représentations, avait été empruntée à la législation suisse. Pour M. Gaillard, cela semblait un progrès. C'était, au premier abord, une disposition charitable et à laquelle on devait s'associer; mais on n'a pas vu qu'une telle pratique allait porter atteinte aux droits les plus incontestables de l'auteur.

M. Souchon propose au Congrès de délibérer sur la proposition suivante :

Le Congrès, s'inspirant de la résolution votée par le Congrès de Milan de 1892, a la confiance que le gouvernement français, toujours soucieux de protéger la propriété artistique et littéraire, s'opposera à la prise en considération, par le Parlement, de toute loi, qui aurait pour but de porter une atteinte quelconque au droit absolu de l'auteur sur son œuvre.

Il espère que MM. les délégués du gouvernement français pourront transmettre à leur gouvernement l'opinion du Congrès.

MM. CHAUMAT et DESJARDIN, en leur qualité de délégués des ministres de la Justice et de l'Instruction publique, rappellent que le gouvernement français s'intéresse vivement aux travaux de l'Association et qu'ils sont prêts à en référer aux ministres qu'ils représentent respectivement.

M. PFEIFFER déclare que les compositeurs de musique s'associent au vœu de M. Souchon, car la proposition de M. Gaillard est une menace directe pour eux.

Le vœu de M. Souchon est adopté.

L'ordre du jour appelle la discussion du rapport de M. Ocampo sur *l'unification de la durée du droit de propriété attaché aux œuvres de l'esprit.*

M. OCAMPO indique que la durée de la protection des auteurs, basée sur la durée de la vie de l'auteur et une certaine période de temps après sa mort, présente de nombreuses inégalités. Ainsi, suivant que l'œuvre sera publiée en Espagne ou en Allemagne, l'œuvre sera protégée pendant quatre-vingts ans ou pendant trente ans. D'autre part, on a organisé dans la loi italienne le domaine public payant avec fixation d'un délai qui part de la date de la publication de l'œuvre.

Il indique que, pour unifier les législations, il importe qu'on fixe un délai nouveau dont le point de départ soit facile à admettre par tous les pays. Ce point de départ, le plus naturel de tous, c'est la naissance même de l'œuvre, c'est-à-dire sa première publication.

L'orateur estime, avec Alphonse Karr, que la vraie formule du droit d'auteur devrait se résumer en cet axiome : « la propriété intellectuelle est une propriété. » Cette proposition supprimerait toute difficulté, mais les législations admettent tant de distinctions qu'il est impossible de ne pas discuter les détails de ces distinctions.

Il importe que l'œuvre pour être protégée (et c'est elle seule qui a besoin et le droit d'être protégée) soit envisagée au point de vue de son origine. Le pays dans lequel elle est publiée pour la première fois est son pays d'origine; la Convention de Berne fournit déjà sur ce point une terminologie précieuse.

M. Ocampo propose alors de décider que, du jour de la publication, l'œuvre a droit à une protection de cent années, étape indispensable avant d'arriver à la protection absolue, c'est-à-dire perpétuelle, pour laquelle il affirme personnellement ses sympathies, encore qu'il doute que les nations soient mûres pour cette idée.

Pour la constatation de l'origine de l'œuvre, il faut un acte de naissance, continue l'orateur, et cette date ne peut être établie que par une déclaration.

Quoique le Congrès ait autrefois repoussé le principe d'une déclaration obligatoire, il peut y revenir. Cette déclaration, toutefois, n'est pas nécessaire pour la constitution du droit de propriété; ce dernier existe indépendamment de toute déclaration, mais il faut admettre que la constatation de la naissance, en vue de la durée de la protection, peut être pourvue d'une sanction. Il indique que, pour lui, il accepterait le dépôt des œuvres centralisé à Berne, chaque pays ayant un double du dépôt, conservé dans ses archives particulières.

M. Ocampo donne lecture des vœux proposés par lui. Il espère d'ailleurs que les membres du Congrès ont pris connaissance du rapport très détaillé qu'il a dressé au sujet de ses propositions, et dont il ne donne qu'un aperçu extrêmement sommaire, mais il répondra plus amplement aux objections que l'on voudra bien lui adresser.

1er Vœu : Le Congrès littéraire et artistique international de Barcelone émet le vœu que la durée du droit de propriété, en matière d'œuvres intellectuelles, soit uniforme dans tous les pays.

2e Vœu : Il émet le vœu que cette protection s'attache non plus à la personne de l'auteur et à celle de ses héritiers, à titre de rémunération, mais à l'œuvre même qui fait l'objet de cette protection, comme un droit inhérent à l'existence de cette œuvre.

3e Vœu : Il émet le vœu que cette durée, si elle doit être limitée, soit du terme fixe de cent ans, à dater de la première publication de l'œuvre.

4e Vœu : Il émet le vœu, corrélatif au précédent, que les nations adoptent l'emploi du système de l'enregistrement des œuvres intellectuelles, comme moyen de leur donner une date de naissance certaine, sans qu'elles fassent toutefois dépendre en quoi que ce soit les droits de propriété eux-mêmes de cet enregistrement.

5e Vœu : Il émet le vœu que dans un avenir prochain le terme provisoire de cent années soit étendu jusqu'à la perpétuité.

La discussion est ouverte sur la proposition de M. Ocampo.

M. Nordau admet le principe formulé dans le premier vœu. Il critique vivement les quatre autres. Il expose que l'œuvre ne l'intéresse nullement, mais l'auteur. Dans le système de M. Ocampo, l'auteur va disparaître. C'est une idée fâcheuse. Quant à la propriété perpétuelle, elle est encore très contestée ; la propriété a été d'abord collective, puis individuelle ; il faut bien se méfier des majorats ou des substitutions ; dans l'ordre intellectuel, les descendants sont, à la troisième ou la quatrième génération, bien éloignés du respect de l'œuvre de leur aïeul. Ils pourraient venir contrarier les idées de ce dernier, ils peuvent être des êtres insuffisants ou inintelligents ; de la sorte, le cas le plus heureux qui puisse arriver, serait que les grands hommes n'aient pas de descendants.

M. Ferrari demande la suppression des 2° et 5° vœux. Il veut que l'on protège à la fois l'œuvre et l'auteur. La partie théorique du 2° vœu lui semble inutile. Il combat la perpétuité du droit d'auteur. Il est bon de protester contre les législations insuffisantes, mais il faut, avec beaucoup de soin, se mettre en garde contre l'excès. L'humanité est en partie la colloboratrice des auteurs; la protection perpétuelle est donc abusive. Mais, ces réserves faites, il approuve le projet.

Le 3° vœu lui semble bon, car il a pour but d'augmenter la durée du droit de propriété dans certains pays, et le 4° vœu indique un moyen de protection sur lequel il reviendra tout à l'heure dans l'exposé du rapport de M. Lermina.

M. Eisenmann dit qu'il ne comprend pas la protection de l'œuvre ; on ne protège que des droits.

Il indique que la loi mexicaine, qui reconnaît la perpétuité du droit d'auteur, admet que l'auteur peut refuser de faire le dépôt prescrit par la loi et renoncer ainsi à un droit perpétuel, pour restreindre ses droits et en priver ainsi ses héritiers.

M. Ocampo ne prévoit pas ce cas — il faut le prévoir ; pour l'orateur, le 4er vœu est un principe à admettre absolument ; mais le 5° vœu lui semble plus important qu'on ne l'a déjà dit, et il n'est de l'avis ni de M. Ferrari ni de M. Nordau sur ce point : il demande qu'on prenne au contraire en considération la proposition de M. Ocampo.

M. Osterrieth dit que le 4er vœu lui semble juste, et qu'il faut conserver aussi le 3° vœu sur la perpétuité, ainsi que l'ont accepté, dans leur Congrès récent, les journalistes allemands, mais sous réserve d'un système de déchéance des droits d'auteur, par suite de non-usage, avec la faculté de faire une déclaration pour éviter cette déchéance.

M. Wauwermans demande à son tour la suppression du premier vœu pour compléter le cycle des suppressions demandées. « Nous constituons, dit-il, un Congrès international, mais plus pratique qu'idéal. Pour le présent, nous n'arriverions à rien avec le premier vœu. Certes il est bon que les législations soient uniformes, comme il faudrait un seul langage. Mais il est impossible d'uniformiser les droits d'auteur quand on demande à certains pays de restreindre la durée de ces droits. » Selon lui, la propriété perpétuelle a d'ailleurs pour corollaire l'expropriation forcée, et il demande que le Congrès en prenne note.

M. MAILLARD proteste vivement contre l'opinion de M. Wauwermans, et tient à défendre le projet de M. Ocampo : « Nous n'émettons, dit-il, que des vœux dont la réalisation peut sembler lointaine. Mais combien de ces vœux, émis pour un avenir lointain, se sont réalisés dans un avenir plus prochain que l'on ne semblait l'espérer ! ».

Certes, il peut être, comme le disait M. Wauwermans, dangereux d'émettre des vœux que l'on regretterait dans l'avenir ; le vœu sur la propriété perpétuelle est, à son sens, de ce nombre. Il faut en effet que l'auteur ait un droit intellectuel raisonnable, qui ne menace pas le droit du domaine public. Les ayants cause de l'auteur, au cas de propriété perpétuelle, ne seraient à l'avenir que des héritiers indifférents ou des éditeurs.

Mais, s'il faut limiter, il faut une limite facile à calculer, afin que tous puissent la déterminer. Il est actuellement presque impossible de savoir à quelle époque l'auteur est mort et s'il a encore des héritiers.

Le projet de M. Ocampo est excellent à tous égards. Le point de départ est facile à connaître au bureau central et le décompte de la durée du droit est bien facile.

L'orateur se rallie donc à ce projet en laissant de côté la question de la perpétuité.

M. PFEIFFER fait observer que la durée de la propriété musicale, si l'on admettait qu'elle fût perpétuelle ou durât au moins cent ans, aurait peut-être pour effet de nuire à certaines œuvres musicales qui, par suite de la transformation perpétuelle de l'art, ont cessé de jouir du succès qu'elles avaient rencontré autrefois. Les propriétaires de droits d'auteur, à une époque assez éloignée de l'apparition de l'œuvre, héritiers ou cessionnaires, ne voudraient plus éditer ces œuvres faute d'intérêt pécuniaire. Au contraire, si l'œuvre est tombée à cette époque dans le domaine public, il arrivera que de grandes maisons d'édition les comprendront dans la collection des œuvres qu'elles éditent (ainsi la maison Breitkopf, à Leipzig).

M. MOREL rappelle que, dans la discussion de la Convention de Berne en 1884, lors de la première réunion, le système de la délégation officielle allemande était justement celui d'une législation unique. Après discussion on admit le vœu suivant :

« La Conférence internationale pour la protection des droits d'auteur, vu la diversité des dispositions en vigueur dans les différents pays, relativement à plusieurs points importants de la législation sur la protection des droits d'auteur ;

« Considérant que, si désirable que soit l'unification des principes qui régissent la matière, une convention réglant ces points d'une manière

uniforme ne rencontrerait peut-être pas en ce moment l'adhésion d'un
certain nombre de pays; considérant, toutefois, qu'une codification internationale est dans la force des choses et s'imposera tôt ou tard et qu'il y
a lieu d'en préparer les voies, en indiquant dès maintenant, sur quelques
points essentiels, le sens dans lequel il est désirable que cette codification se fasse, croit devoir soumettre aux Gouvernements de tous les
pays les vœux suivants :

« 1° La protection accordée aux auteurs d'œuvres littéraires ou artistiques devrait durer leur vie entière et, après leur mort, un nombre
d'années qui ne serait pas inférieur à 30.

« 2° Il y aurait lieu de favoriser, autant que possible, la tendance vers
l'assimilation complète du droit de traduction au droit de reproduction
en général. »

Et cependant la Conférence diplomatique, de par sa nature même,
devait se montrer bien plus réservée que nous. Dès lors, en vue de la
prochaine réunion d'une conférence internationale, nous avons raison
d'émettre un vœu d'unification.

M. SOUCHON rappelle que nous avons, pour le droit de traduction,
émis le même vœu : « Pourquoi changer aujourd'hui? Nous ne devons pas
avoir d'autre idéal que l'unification d'un délai qui pourrait être de
cinquante années, au minimum, après la mort de l'auteur. Quant à la
perpétuité, c'est une illusion ; il faut être avant tout pratique ». Comme
M. Nordau, l'orateur croit cette idée chimérique.

M. EISENMANN essaie de concilier les deux idées d'une propriété perpétuelle et d'une limitation des droits d'auteur. L'auteur, en limitant la
durée de son droit, peut éviter les inconvénients qu'il pourrait prévoir
s'il admet, comme M. Nordau, que ses petits-enfants peuvent être inintelligents. Le Congrès hispano-américain, tenu en Espagne l'an dernier,
a admis ce vœu de la propriété perpétuelle organisée par une législation
uniforme.

M. OCAMPO, rapporteur, se félicite d'être traité d'esprit chimérique : il
pense au lendemain, s'il songe au présent. Comme l'a dit Doudan, les
paradoxes d'aujourd'hui sont les vérités de demain et, pour la conférence prochaine, il faut demander le plus afin d'obtenir le moins.

Il ne cache pas d'ailleurs qu'il demande lui-même au Congrès plus
qu'il n'espère en obtenir ; mais, à tout le moins, en repoussant la perpétuité, le congrès admettra d'autant plus facilement le terme d'un
siècle ; et il a rédigé ses vœux dans l'ordre où il les a proposés, en pré-
-voyant fort bien quel serait le sort de chacun d'eux : seulement, il tient
à répéter, comme il l'a fait dans son rapport, qu'il aura personnellement,
à Barcelone comme à Madrid, soutenu la cause de ce qu'il croit devoir
arriver fatalement et planté le drapeau en avant, vers l'idéale perfection.

Mais il a à cœur de répondre à M. Nordau : M. Nordau a parlé de
l'histoire de l'humanité ; eh bien ! qu'on l'étudie, cette histoire, qu'y
trouvera-t-on ?

Dès le XVIIe siècle, des essais de protection ; au XVIIIe siècle, des privilèges accordant la propriété des œuvres de La Fontaine à ses petites-filles, *à titre d'hérédité ;* le 20 mars 1777, un arrêt semblable en faveur des héritiers de Fénelon. Puis c'est la Révolution : tout un recommencement. Dès lors, l'histoire de la protection devient édifiante :

Loi du 19 janvier 1791 : Art. 5. Les héritiers ou les concessionnaires des auteurs seront propriétaires de leurs ouvrages durant l'espace de *cinq* années après la mort de l'auteur.

Loi du 19 juillet 1793 : Art. 2. Leurs héritiers ou concessionnaires jouiront du même droit durant l'espace de *dix* ans après la mort des auteurs.

Décret du 5 février 1810 : Art. 39. Le droit de propriété est garanti à l'auteur et à sa veuve pendant leur vie, si les conventions matrimoniales de celle-ci lui en donnent le droit, et à leurs enfants pendant *vingt* ans.

Loi du 8 avril 1854 : La durée de la jouissance accordée aux enfants est portée à *trente* ans.

Loi du 27 juin-14 juillet 1866 : La durée des droits accordés par les lois antérieures aux héritiers, successeurs réguliers ou légataires des auteurs, compositeurs ou artistes, est portée à *cinquante* ans, à partir du décès de l'auteur.

Quel enseignement ! — cinq, dix, vingt, trente, cinquante ans de protection en l'espace de soixante-quinze années ! — Continuons l'énumération ; nous arrivons à la Colombie et à l'Espagne : quatre-vingts ans ; et au Mexique, au Guatemala, au Venezuela, au nouveau projet allemand : la perpétuité.

La perpétuité, c'est bien en effet le terme dernier de l'accroissement, le but lointain vers lequel tend la force latente du principe.

Que vaut l'argument de M. Nordau sur les enfants inintelligents ? Mais, si l'arrière-petit-fils peut être inintelligent, est-ce que le fils lui-même ne peut pas l'être ? Et, d'un autre côté, n'est-il pas bien fréquent de voir les familles s'éteindre à la deuxième ou la troisième génération ? Est-ce que, de la sorte, le domaine public n'aura pas son tour ?

Quant aux cessionnaires, si grosse que paraisse cette objection, est-ce que les plus grandes maisons d'édition ne disparaissent pas comme les familles ? Et, cette fois encore, le domaine public aura son tour. Au surplus, si la nation grecque restait l'héritière de ses grands génies classiques et percevait des droits d'auteur sur leurs œuvres, quel mal y aurait-il ?

Pour répondre à M. Souchon, l'orateur demande pourquoi on réduirait cette protection à cinquante années. Il y a des pays qui ont actuellement plus que n'accorde M. Souchon.

M. OCAMPO, demande le vote par division sur chacun de ses vœux, pour que l'on puisse examiner non seulement la durée de la propriété, mais aussi l'organisation du dépôt.

M. Pouillet, avant de prendre la parole, cède le fauteuil de la présidence à M. Chaumat.

M. Pouillet fait une réserve sur l'appréciation de M. Ocampo pour les privilèges concédés par la monarchie au xviiie siècle ; il cite la phrase de Macaulay : la perpétuité des droits de Milton n'eût pas empêché les enfants de Milton de mourir de faim, — car, dit-il, le cessionnaire ne meurt jamais. — Il ne se déclare donc pas partisan de la perpétuité, mais il termine en disant qu'il admet que la question soit réservée.

M. le Président ouvre le vote sur les vœux.

1er vœu : *Le Congrès littéraire et artistique international de Barcelone émet le vœu que la durée du droit de propriété en matière d'œuvres intellectuelles soit uniforme dans tous les pays.*

Ce vœu est adopté à l'unanimité.

Le 2e vœu, purement théorique, n'a pas lieu d'être admis.

Le 3e vœu est présenté avec une modification préparée d'avance par M. Ocampo : suppression des mots « si elle doit être limitée. »

M. Maillard demande la reprise du vote sur le 3e et le 4e articles, après le rapport de M. Lermina.

M. Ocampo réclame en tout cas un vote effectif sur ces vœux, afin d'apporter un désir nouveau pour la conférence prochaine.

M. Pouillet appuie la demande d'ajournement après le rapport de M. Lermina, tout en réservant les votes du Congrès, comme le désire M. Ocampo.

Le vote sur les 3e et 4e vœux est ajourné.

Le 5e vœu n'est pas admis.

M. Souchon soutient un vœu relatif aux compositions musicales, vœu qui lui est inspiré par la lecture du nouveau projet de loi destiné à être soumis au Parlement autrichien.

L'orateur loue les qualités de clarté du travail fait sur cette importante question par son distingué collègue, M. Maillard, et il déplore que les auteurs du projet aient fait aux compositions musicales l'injustice de ne leur accorder, comme durée de protection, que trente ans à partir de la publication, alors que cette durée, pour tous les autres genres d'œuvres, est de trente ans après la mort de l'auteur.

« Les œuvres musicales ne se déprécient pas plus que les œuvres littéraires. Les œuvres géniales des Bach, des Haendel, des Mozart, des Beethoven, défiant les siècles, étonnent encore le Monde, et il est regrettable que ce soit le pays qui a vu éclore de ces génies qui leur voue un culte aussi peu en rapport avec l'admiration qu'ils inspirent.

« Enfin, rien ne peut plaider en faveur d'une préférence quelconque à accorder à un genre d'œuvres au détriment d'un autre genre ; en cette matière, l'unité s'impose, et nous devons espérer que les initiateurs du projet de loi le reconnaîtront à leur tour. »

M. Pfeiffer, au nom des Compositeurs de musique, appuie les considérations développées par M. Souchon.

M. Souchon propose au Congrès de voter le vœu suivant :

Le Congrès émet le vœu que le gouvernement autrichien, lorsque se discutera, au sein du Parlement, le projet de loi destiné à remplacer la patente impériale du 19 octobre 1846, assimile, pour la durée de protection des œuvres, les œuvres musicales aux œuvres littéraires, en portant cette durée à trente ans après la mort de l'auteur.

Le vœu proposé est accepté à l'unanimité.

La séance est levée à 11 heures 1/4.

Séance du mercredi, 27 Septembre, après-midi.

La séance est ouverte à 4 heures 1/2, sous la présidence de M. Calzado.

M. Georges Harmand donne lecture du procès-verbal de la précédente séance. Après quelques observations de MM. Nordau, Osterrieth et Davrigny sur ce procès-verbal qui sera rectifié dans le sens demandé par les orateurs, la parole est donnée à M. Ferrari, pour soutenir le rapport présenté par M. Lermina sur la *nécessité de centraliser au bureau international de Berne l'enregistrement des œuvres littéraires artistiques, musicales*, etc.

M. Ferrari regrette de ne pas voir au Congrès de Barcelone M. Rœthlisberger qui, au congrès de Milan, contribua à faire adopter le vœu suivant : « Il est à désirer que les États de l'union imposent à tous les auteurs ou éditeurs le dépôt obligatoire d'un exemplaire de l'œuvre publiée, cette condition restant d'ailleurs indépendante de la reconnaissance du droit de l'auteur sur son œuvre. »

M. Ferrari explique que le rapport qu'il va développer n'est que l'application du 4ᵉ vœu du rapport général de M. Ocampo, et qu'ainsi sa question découle pour ainsi dire de celles que le Congrès vient d'étudier.

Reprenant les idées de M. Ocampo, il établit qu'il est important, avant tout, de préciser à quel moment prend naissance le droit d'auteur. Est-ce du jour de la publication elle-même ? Est-ce, dans les pays ou ce droit est réglementé, du jour où l'auteur s'est soumis aux formalités exigées par la loi ?

Trois sortes de personnes ont intérêt à être fixées sur ce point de départ : l'auteur, l'éditeur, les héritiers.

Aussi les législations européennes étant très différentes, il y aurait une très grande utilité à créer un bureau unique qui pourrait centraliser tous les renseignements nécessaires aux hommes et aux œuvres.

Ce bureau existe déjà à l'état embryonnaire à Berne, mais avec les différences existant dans les législations européennes, son fonctionnement est difficile.

Le but à poursuivre est une législation uniforme pour tous les pays de l'Union.

Diverses propositions ont été faites pour arriver à ce but:

1° Faire acheter par l'Etat un nombre de volumes à fixer, et comme corollaire permettre à l'Etat d'exiger de l'auteur une déclaration dont la forme serait à déterminer.

2° Imposer purement et simplement à l'auteur de faire cette déclaration.

3° Donner aux auteurs par la création d'un bureau central la faculté de faire cette déclaration.

M. Ferrari croit, avec M. Lermina, que de ces trois moyens un seul est possible : l'achat par l'Etat d'un certain nombre d'exemplaires, ayant pour corollaires le dépôt de l'œuvre et son enregistrement obligatoires pour l'auteur.

Beaucoup d'auteurs répugnent à ce dépôt : mais, tout droit entraînant un devoir corrélatif, l'auteur qui aurait droit à l'achat par l'Etat aurait pour devoir le dépôt exigé par l'Etat.

Si, maintenant, nous entrons dans la pratique, comment procéder ? Etablissons d'abord un bureau central à Berne. Une fois établi, que sera son rôle ? Ce bureau devra d'abord centraliser toutes les déclarations faites par les auteurs à leurs gouvernements respectifs, puis une fois les registres commencés, établir à des époques fixes une table alphabétique des œuvres et des auteurs, de manière à faciliter les recherches et les renseignements. Cela aurait une très grande importance au point de vue de l'histoire de l'esprit humain.

M. Ferrari termine en donnant lecture du vœu de M. Lermina :

Il est à désirer que les Etats de l'Union imposent à tous les auteurs ou éditeurs le dépôt obligatoire d'un exemplaire de l'œuvre publiée, cette condition restant d'ailleurs indépendante de la reconnaissance du droit de l'auteur sur son œuvre.

M. GRAND-CARTERET fait observer qu'il s'agit de deux choses : 1° Classification au Bureau central de Berne de toutes les œuvres qui paraissent dans le monde; 2° Dépôt légal de l'œuvre elle-même. Il est d'accord avec le rapporteur sur le premier point, mais pour le second il fait observer que dans la pratique ce dépôt légal est impossible. Prenons pour exemple la Bibliothèque nationale à Paris ; toutes les œuvres françaises doivent y être déposées : et rien que pour la France la Bibliothèque devient déjà trop petite. Que sera-ce à Berne si l'on y crée un dépôt universel des œuvres de l'esprit humain? Des sommes colossales seront nécessaires. Où trouver l'argent ?

M. Lermina répond que ce n'est pas à Berne que doit avoir lieu le dépôt de chaque œuvre, mais dans le pays respectif de chaque auteur. A Berne il n'y aurait qu'un bureau de classification et non une bibliothèque générale.

M. Odon de Buen fait alors la proposition suivante :
1° Il est à désirer qu'on établisse à Berne un registre international des œuvres littéraires, scientifiques, artistiques, etc. ;
2° Ce registre sera facile à établir si chaque pays de l'Union de Berne envoie une expédition de la feuille ou déclaration remplie par les auteurs ou éditeurs pour le registre national de la propriété littéraire qui existe déjà, entre autres pays en Espagne ;
3° Si chaque auteur, avec la feuille de déclaration, remet un exemplaire de l'œuvre qui en est l'objet, le bureau de Berne réunira une bibliothèque internationale.

M. Poggio dit que la proposition de MM. Lermina et Ferrari doit être complétée. Que les auteurs soient obligés de faire leur déclaration au bureau de Berne, très bien ; mais alors, que le Bureau de Berne puisse délivrer des certificats ayant une valeur officielle et faire en justice la preuve de la propriété de l'auteur.

M. Ferrari fait observer qu'en pratique il y aurait de grandes difficultés dans le fonctionnement de ce bureau central.
Toutes les fois que l'auteur cédera une partie de son droit sur son œuvre, devra-t-il faire inscrire cette cession au bureau de Berne? Comment s'y reconnaître? Et que devient alors la valeur à donner au certificat que propose M. Poggio ?

M. Morel fait observer que sur ce point, dans l'état actuel de la législation, la Convention de Berne reconnaît que le nom de l'auteur imprimé sur le volume constitue pour celui-ci une présomption légale de propriété, qui ne peut tomber que devant la preuve contraire.
Pourquoi embarrasser la loi de nouvelles formalités ?

M. Souchon appuie la proposition de M. Poggio. Ce certificat étant établi par voie diplomatique, aurait la même valeur juridique dans tous les états de l'Union, et simplifierait ainsi beaucoup de difficultés en matière de preuve.

M. Poggio insiste sur la sanction légale qui pourrait ainsi acquérir le dépôt au bureau de Berne.

M. Souchon, entrant dans l'examen de la question au point de vue pratique, expose qu'il y a une grande difficulté à établir le pays d'origine du livre. Le dépôt est une formalité qui facilite cet établissement, mais il y a des pays qui n'obligent pas leurs nationaux à cette formalité.

Il propose au Congrès d'émettre le vœu suivant :

Il est à désirer que la prochaine Conférence diplomatique de l'Union de Berne insère dans le protocole de clôture de la Convention de Berne l'obligation pour les gouvernements des pays de l'Union de constituer chez chacun d'eux le répertoire alphabétique de toutes les œuvres publiées ou représentées dans leurs États respectifs depuis la promulgation de la Convention.

M. MAILLARD dit qu'il ne faut pas confondre le dépôt avec l'enregistrement ; il approuve l'enregistrement proposé par M. Lermina, et propose de prendre pour modèle l'enregistrement tel qu'il est pratiqué en Espagne.

On procède au vote.

La proposition de M. Lermina est adoptée.

L'enregistrement selon le modèle espagnol proposé par M. Maillard est réservé.

La proposition de M. Souchon est adoptée.

M. POUILLET fait observer, à propos du deuxième scrutin (proposition Maillard), que le vote est acquis comme exprimant le consentement du Congrès à établir l'enregistrement au bureau central de Berne, sauf à en rechercher la forme.

M. MOREL dit que, à la suite du Congrès de Milan, il a été envoyé un questionnaire à diverses sociétés et que beaucoup n'ont pas répondu. Il espère que les nouvelles questions trouveront un meilleur accueil.

M. LE MARQUIS D'OLIVAR dépose sur le bureau du Congrès une proposition tendant à régler le mode d'enregistrement proposé par M. Maillard.

La proposition de M. le marquis d'Olivar est renvoyée à la Commission.

La séance est levée à 6 heures.

ANNEXE

MODÈLE D'ENREGISTREMENT EN ESPAGNE

Don _____

_____ domiciliado en _____

calle _____ núm. _____ cuarto _____ , según cédula

personal núm. _____ , expedida en _____ de _____

de _____, presenta para su inscripción en el Registro de la Propiedad

intelectual á los efectos de la Ley, tres ejemplares de la obra cuyas cir-

cunstancias se expresan á continuación :

Título _____

_____

Clase _____

Autor _____

Traductor _____

Compilador _____

Arreglador _____

Propietario _____

Editor _____

Lugar y ano de la publicación _____

Establecimiento en que se hizo _____

Edición y número de ejemplares _____

Tomos y tamaño _____

Páginas ú hojas _____

Fecha de la publicación _____

Observaciones.

_____ de _____ de 18 ____

4

Autorizo á D _____

para que en mi nombre presente en el Registro de la Propiedad intelectual

la obra á que se refiere la anterior declaración. _____

_____ *de 18* ____

Registrada con el núm. _____ *al fól.* _____ *del libro diario y en*

el talonario provisional con el núm. _____ *al fól.* _____

Hecha la inscripción definitiva al fól. _____ *del libro* _____ *de*

Obras _____ *registro núm.* _____

Recibí el Certificado de inscripción definitiva de la Obra á que este expe-

diente se refiere.

_____ *de* _____ *de 18* ____

Séance du vendredi, 29 septembre, matin.

La séance est ouverte à 10 heures moins le 1/4, sous la présidence de M. Pouillet.

M. Georges Fleury donne lecture du procès-verbal de la précédente séance, lequel est adopté sans observations.

M. Ocampo demande le vote du troisième vœu de son rapport, le quatrième vœu se confondant d'ailleurs avec celui qui a été voté à propos du rapport de M. Lermina et étant désormais inutile, le principe renfermé dans ce vœu étant acquis.

Il rappelle que ses vœux avaient été ajournés après le rapport de M. Lermina.

M. Pouillet met aux voix le troisième vœu proposé par M. Ocampo.

Il émet le vœu que cette durée soit du terme fixe de cent ans, à dater de la première publication de l'œuvre.

Ce vœu est adopté.

Le quatrième vœu, se confondant avec celui de M. Lermina, n'a pas lieu d'être formulé.

Comme complément d'ailleurs à ces propositions, le Congrès adopte le vœu suivant, proposé par M. le marquis d'Olivar et rédigé d'un commun accord avec M. Morel et le Bureau du Congrès :

Toutefois, il est désirable que, le plus tôt possible, le Bureau de Berne soit mis à même, par les différents États de l'Union, de publier un extrait des enregistrements effectués dans chacun d'eux.

M. Maillard, remplaçant M. Maunoury, a la parole, comme rapporteur, sur *l'enregistrement des œuvres intellectuelles* (notamment en Angleterre) :

« Au rapport de M. Ocampo, dit-il, on a étudié un projet de législation parfaite, idéale, l'unification de la durée du droit d'auteur dans tous les pays et la fixation d'un nouveau point de départ de cette durée, la première publication de l'œuvre ; au rapport de M. Lermina, on a étudié un projet d'amélioration prochaine de la Convention de Berne, la constitution, à Berne, d'un registre international de toutes les œuvres parues.

« Il s'agit maintenant d'interpréter la Convention de Berne.

« Il semblait que cette convention dispensait l'auteur de toutes formalités autres que celles exigées dans le pays d'origine. L'article 2 est bien clair. La proposition de l'Association en vue de la conférence de Berne était plus précise encore ; mais il résulte des travaux préparatoires qu'en modifiant le texte proposé on n'entendait pas en modifier le sens.

« En Angleterre cependant, un juge exigea d'un auteur, pour lui accorder protection dans les termes de la Convention de Berne, l'enregistrement que la loi anglaise impose aux nationaux. Depuis, le juge anglais est revenu sur son opinion première, mais il est bon que l'Association affirme que la première jurisprudence du juge anglais était contraire à la Convention de Berne et qu'il y a lieu d'approuver au contraire la jurisprudence nouvelle.

« Nous n'avons pas à demander une modification du texte de la Convention. Il nous suffit d'affirmer notre interprétation et de dire :

« *Le Congrès est d'avis que l'article 2 de la Convention de Berne doit être entendu en ce sens que la jouissance des droits assurés dans chaque pays de l'Union aux auteurs unionistes n'est subordonnée qu'à l'accomplissement des conditions et formalités prescrites par la législation des pays d'origine de l'œuvre.* »

Cette proposition est adoptée.

M. Nordau a ensuite la parole, comme rapporteur, sur la *propriété des titres au point de vue des œuvres littéraires*, rapport se terminant par les vœux suivants :

Le titre d'une œuvre littéraire constitue une propriété intellectuelle qui doit être protégée par la loi.

Pour être susceptible de protection, le titre doit avoir le caractère d'une invention personnelle.

La protection ne peut pas s'étendre au delà d'une durée de dix ans à partir de la publication de l'œuvre.

Elle ne défend l'appropriation du titre par un autre auteur que pour les œuvres du même genre.

Une invention, si petite qu'elle soit, un titre, par conséquent, doit être protégée comme toute autre œuvre intellectuelle.

Le titre est destiné à être annoncé avec le nom de l'auteur ; mais, quand l'œuvre n'a pas réussi pendant dix ans, on ne fait pas tort à l'auteur en lui prenant le titre de cette œuvre. Pour une œuvre qui a réussi, au bout de dix ans, c'est aux risques et périls de l'auteur qui prend ce titre que cet emprunt se fait.

D'ailleurs M. Nordau n'a choisi une période de dix ans qu'en l'absence de tout précédent, et sans tenir absolument à ce délai.

Il a distingué entre les titres individualisés et ceux qui ne présentent aucun caractère particulier, comme *la Montagne, la Femme, l'Amour*.

Pour terminer, il croit qu'on peut prendre à un auteur son titre pour une œuvre d'un ordre différent, mais, à ce sujet, il attend les objections et serait désireux de connaître les arguments que la discussion peut faire naître.

M. Maillard dit qu'il faut distinguer entre la concurrence déloyale et la propriété de l'œuvre.

S'il peut y avoir confusion d'étiquettes, c'est une question de propriété commerciale, même pour des titres dont l'ensemble ne produit pas un effet original.

Pour les titres, actuellement on pense qu'il ne peut y avoir qu'un fait de commerce déloyal.

D'après M. Nordau, c'est un autre domaine que nous envisageons : une phrase seule peut être protégée selon la jurisprudence. Pourquoi un titre original ne le serait-il point ?

S'il y a là une propriété littéraire, et cela est juste, pourquoi la restreindre à dix ans ? La propriété du titre doit avoir la même durée que celle de l'œuvre. Les trois premières propositions de M. Nordau doivent donc être adoptées, les quatrième et cinquième ne le peuvent pas.

Pourquoi d'un genre d'ouvrage à un autre, du roman à un drame (qui diffèrent de genre essentiellement), la concurrence déloyale ne peut-elle pas être admise ? Le préjudice peut se comprendre aussi facilement.

M. NORDAU répond qu'il considère que le titre n'apporte pas de mérite à l'œuvre. Toutefois il n'en est pas une partie que l'on puisse séparer complètement. Il indique un état d'âme de l'auteur et peut en créer un chez le lecteur.

M. FERRARI veut combattre le rapport entier de M. Nordau. Ses idées ne sont pas entièrement exactes, et les conclusions peuvent en être dangereuses. Romans, nouvelles, comédies, etc., peuvent avoir des titres originaux, mais les journaux aussi peuvent donner lieu à des titres d'articles qui peuvent être la propriété de leur auteur. Ainsi dans l'*Illustration italienne*, sous le nom de « Conversations du dimanche », M. de Fortis traitait tous les sujets relatifs à la littérature et à l'art. Il a réuni ensuite tous ses articles en deux volumes.

Mme Scarfoglio publiait dans un journal napolitain des articles sous un titre de fantaisie ; quand elle a quitté la rédaction, elle a voulu reprendre ses articles et leur titre. Le tribunal de Naples a décidé que les titres arrêtés d'accord entre le directeur et le rédacteur, et annoncés lors de la création du journal, étaient en quelque sorte incorporés dans le journal.

M. Ferrari n'accepte pas sans réserves cette décision judiciaire, mais il indique qu'il y a là des cas variés dont les conséquences doivent être bien étudiées.

Les deux premiers vœux de M. Nordau se complètent et doivent être fondus. Si le titre est une propriété littéraire, il doit avoir la même durée que celle de l'œuvre, ainsi que le désire M. Maillard, et la troisième proposition de M. Nordau doit être de ce chef modifiée.

Quand à la distinction admise par le rapporteur entre des œuvres de genre différent, c'est très délicat à déterminer, d'où une distinction à éviter.

L'orateur demande le renvoi pour un examen plus approfondi du sujet.

M. MARCEL PRÉVOST indique qu'il y a peut-être lieu de présenter dans une législation complète la propriété des titres des œuvres intellectuelles ; il admet que l'auteur doit pouvoir protéger son titre comme toutes ses œuvres ; et pour cela il croit qu'on pourrait déposer les titres d'œuvres comme les titres de journaux ; pour son *Automne d'une femme*, M. Prévost déclare qu'il a eu mille difficultés au sujet du titre, et il reconnaît qu'il n'en est pas le premier auteur ; mais il ignorait, quand il l'a choisi, qu'il avait déjà été pris, par Mme Claire de Chandeneux, pour un roman qui se passait dans un milieu militaire. Il tenait à son titre, et, plutôt que d'y renoncer, il demanda à M. Plon, éditeur, puis aux héritiers, l'autorisation, et eut à vaincre une résistance qu'il ne put lever qu'après s'être engagé à mettre sur chaque exemplaire qu'il avait reçu de l'éditeur et des héritiers la gracieuse autorisation d'user du titre employé. Le même fait se produisit entre Flaubert et Zola pour le nom de Bouvard, du roman *Bouvard et Pécuchet*.

Il serait très intéressant de réglementer la matière. Un enregistrement officiel lui semble bon, avec, comme sanction à l'inobservation de ce dépôt, la chute du titre dans le domaine public.

M. OCAMPO demande que l'on ne sépare pas le titre de l'œuvre dont il fait partie intégrante. Pourquoi une législation spéciale, avec des délais particuliers pour ce qui est quelque chose de l'œuvre même ? Il faut ne rien décider et laisser ainsi le titre protégé comme l'œuvre tout entière.

M. DESJARDIN apprécie la motion de M. Ocampo. Il veut, pour rassurer M. Prévost et M. Nordau, dire que le projet de M. Nordau n'a pas d'intérêt : les législations française et étrangères protègent le titre et l'œuvre ; la concurrence déloyale est prévue dans toutes les législations, et le titre fait si bien partie de l'œuvre que la jurisprudence française contient de nombreuses dispositions à ce sujet.

M. PFEIFFER demande que les vœux de M. Nordau soient votés ; pour les musiciens, cela a un grand intérêt. Il indique qu' « *Inquiétude* », qu'il avait employé, a été reproduit par d'autres compositeurs, et il a dû leur écrire pour leur défendre cet emploi.

M. POUILLET répond que cela ne peut se produire en France, que le titre, banal d'apparence, devient une propriété si le succès le consacre et que l'emploi de ce titre peut porter préjudice à l'auteur et prêter à réclamation.

La discussion est ajournée à cette après-midi, pour permettre aux membres espagnols du congrès de parler sur la propriété des dessins d'architecture.

L'ordre du jour appelle en conséquence l'examen du rapport de M. G. HARMAND *sur la propriété des dessins d'architecture*.

M. Harmand donne communication des regrets de MM. Héret et Ach. Hermant, délégués de la Société centrale des Architectes français, qui n'ont pu se rendre à Barcelone, et lit une lettre, dans le même sens, de M. Ch. Lucas, délégué de la Caisse de défense mutuelle des Architectes (Voir p. 57).

L'orateur expose que son rapport au Congrès de Barcelone est la suite de celui qu'il a présenté au Congrès de Milan, de même que les vœux qu'il demandera au Congrès de voter sont la conséquence de ceux qui ont déjà été votés, tant au Congrès de Madrid en 1887 qu'au Congrès de Milan en 1892. Le Congrès a bien voulu décider dans ces résolutions que l'architecte avait droit à la protection qui était accordée aux autres artistes, peintres, sculpteurs, etc.; le Congrès a décidé également que l'artiste conservait entre ses mains tous les droits de reproduction de son œuvre, lors même qu'il l'avait livrée à l'acquéreur ; il lui semble dès lors logique de décider que l'architecte conserve la propriété artistique de son œuvre bâtie comme des dessins d'architecture qui la représentent. Il insiste particulièrement sur ce point qu'il est d'accord avec les délégués de la Société Centrale des architectes français et de la Caisse de défense mutuelle, pour considérer que les dessins d'architecture comprennent les plans, coupes, élévations, dessins des façades et des détails de la construction et de la décoration, qui composent un tout inséparable, destiné à faire concevoir l'œuvre elle-même et assurer son exécution. Examinant alors le contrat qui intervient entre l'architecte et son client, il s'attache à démontrer que le propriétaire entend se procurer la jouissance de la maison construite, des avantages de la disposition intérieure, des satisfactions artistiques de son aspect et que, dès lors, l'architecte, en livrant la maison édifiée conformément à ses plans et sous sa surveillance, remplit tous ses engagements. Il conserve la propriété artistique de l'œuvre exécutée, selon les vœux émis par le congrès, à Milan ; puisqu'il a rempli ses engagements, il peut logiquement conserver également la propriété artistique de ses dessins d'architecture.

De plus, dans les législations qui admettent, comme en France, que l'architecte est responsable des vices de construction pendant dix ans, il est conforme à la prudence et à l'intérêt de l'architecte qu'il conserve entre ses mains ses justifications, c'est-à-dire ses dessins originaux.

Pour le cas particulier où l'architecte ne viendrait pas à être chargé de l'exécution de l'œuvre qu'il a conçue, l'analyse du contrat est la même. Le propriétaire a désiré avoir en main les éléments nécessaires à l'exécution et à la compréhension de l'œuvre de l'architecte ; celui-ci conservera entre ses mains les dessins originaux avec tous les droits d'auteur les concernant ; s'il remet à son client une expédition de ses dessins, cela sera suffisant pour que celui-ci puisse comprendre l'œuvre ou la faire exécuter.

M. Harmand cite, à l'appui de ses conclusions, un jugement du tribunal de Nevers, qui accorde à l'architecte le droit d'exposer dans les salons ou expositions publiques ses dessins d'architecture en tant qu'œuvres d'art.

L'orateur rappelle qu'à Barcelone, comme à Milan, il n'examine la propriété artistique en matière d'œuvres d'architecture que pour les œuvres originales, qu'elles soient de création entièrement nouvelle ou des combinaisons originales d'éléments connus.

Il indique qu'il n'y a, pour lui, aucune différence, quant aux droits de l'architecte, pour le cas où il traite avec l'État au lieu de traiter avec un particulier ; l'État n'est que la représentation d'une collectivité de particuliers. Sans doute, on peut admettre que dans un but d'instruction publique ou d'élévation du goût général, les particuliers fassent faire des copies des édifices destinés à des services publics ; mais ce droit doit être limité à la faculté de disposer ou de jouir de la copie produite, et non d'en multiplier des reproductions d'une façon industrielle ou dans un but mercantile.

L'orateur indique que, selon lui, l'architecte conserve les droits de propriété artistique sur ses dessins, en dehors de toute exécution sur le terrain et d'une façon générale. Il termine en signalant au Congrès que les vœux dont il demande l'adoption sont conformes aux dispositions adoptées par les architectes anglais et allemands dans leurs Règlements des Honoraires. Dans les Règlements de l'Institut Royal des architectes britanniques, de 1862, et de la Société Générale des Architectes et Ingénieurs allemands, de 1868, un article spécial décide que l'architecte conserve la disposition de ses dessins originaux.

La discussion générale est ouverte.

Des architectes de Barcelone, MM. Luis Callen Corzan, Miguel Madorell Rius, Manuel Véga y March et José Rodriguez Villegas y prennent part.

M. Luis Callen Corzan prend la parole en Espagnol. Il indique que, tout en adoptant les conclusions du rapporteur, il veut préciser que, selon lui, l'architecte a la propriété de ses œuvres, encore qu'elles n'aient pas été exécutées, mais à la condition qu'elles soient pratiques. Une des conditions, pour lui, du droit de l'architecte serait qu'il ait au moins réalisé son œuvre d'une façon plastique.

M. Miguel Madorell Rius, s'exprime également en espagnol. Il admet, lui aussi, les conclusions du rapport, mais il indique que les cas où la propriété peut être admise lui paraissent excessivement rares ; d'autre part, il propose au Congrès de déclarer qu'il y a lieu d'organiser un registre de dépôt des œuvres et dessins d'architecture.

M. Ferrari prend la parole, et, après quelques critiques de détail, déclare se rallier aux conclusions du rapport.

On passe au vote des vœux ainsi rédigés :

1º *L'architecte est propriétaire des dessins d'architecture tracés par lu pour les œuvres qu'il a conçues ;*
2º *Pour les œuvres qu'il a conçues et dont il n'est pas appelé à surveiller l'exécution, il doit remettre au propriétaire une expédition seulement de ses dessins d'architecture.*

Ces vœux sont adoptés.

Sur l'organisation du dépôt des œuvres d'architecture, M. Pouillet fait observer que le Congrès a déjà précédemment voté la centralisation à Berne du dépôt des œuvres littéraires. Il n'y a pas lieu de passer au vote sur cette question, mais la commission étudiera un projet de système de dépôt des œuvres d'architecture comme il est organisé pour les œuvres littéraires, et sans que ce dépôt soit une condition nécessaire de l'existence du droit d'auteur, de même que cela est convenu pour les œuvres littéraires.

M. Ocampo pense que le Congrès pourrait émettre immédiatement une opinion sur la question soulevée par M. Madorell Rius ; il traduit la note que M. Madorell vient de lui communiquer, et propose l'adoption du vœu suivant :

Le Congrès émet le vœu que l'enregistrement prescrit pour les œuvres littéraires et artistiques s'applique également aux œuvres d'architecture, les plans devant être déposés par l'architecte au Bureau chargé de cet enregistrement.

Le Congrès se range à cet avis, et le vœu est adopté. Sur la demande de M. Harmand, le Congrès décide l'insertion au procès-verbal de la note collective des architectes délégués : MM. Héret, Ach. Hermant et Charles Lucas, qui n'ont pu se rendre à Barcelone.

M. Thorwald Solberg a ensuite la parole sur la loi américaine du 3 mars 1891 ; il rappelle les conditions dans lesquelles elle a été préparée, en fait valoir les avantages actuels, et indique les améliorations futures. Il émet enfin l'idée que la réunion de l'un des prochains Congrès de l'Association aux États-Unis pourrait produire les meilleurs résultats.

Il préconise d'ailleurs une adhésion spéciale et temporaire des États-Unis aux conventions européennes, avec cette condition que, pour commencer, les Européens voulussent bien tenir compte des lois américaines sans exiger que les États-Unis adoptassent immédiatement les méthodes en usage dans l'ancien continent.

La séance est levée à 11 heures 45.

ANNEXES

Paris, 23 septembre 1893.

*A Monsieur le Président du Congrès de la Propriété littéraire
et artistique de Barcelone.*

MONSIEUR LE PRÉSIDENT,

Mon éminent confrère, M. Daumet, membre de l'Institut de France, Président de la Caisse de défense mutuelle des Architectes, m'a fait l'honneur de me déléguer pour représenter cette Association au Congrès de la Propriété littéraire et artistique qui s'est ouvert, sous votre présidence, à Barcelone, le 23 septembre dernier.

J'aurais été heureux de remplir cette honorable mission et je regrette vivement de ne pouvoir le faire, mais je suis assuré que les droits de propriétés artistiques de l'architecte sur son œuvre et sur les différentes manifestations de cette œuvre ne sauraient être méconnus en Espagne, car n'est-ce pas au Congrès de Madrid, en 1887, que M. Marin Baldo fit voter que « *les œuvres de l'architecture doivent jouir de la même protection que les œuvres de la littérature et des beaux-arts* » ? Nul doute que le Congrès de Barcelone, complétant les résultats obtenus dans les récents Congrès de Neuchâtel et de Milan, n'affirme les droits de propriété pleine et entière de l'architecte sur les dessins, première manifestation de ses créations artistiques.

Veuillez agréer, Monsieur le Président, etc.

CHARLES LUCAS, architecte,
*Secrétaire de la Caisse de défense mutuelle
des Architectes.*

Les plans et dessins d'architecture

Note adressée au Congrès de Barcelone

Tout en persistant à croire que les architectes doivent demander purement et simplement, pour les œuvres d'architecture et pour leurs auteurs, le droit de propriété artistique accordé aux œuvres de peinture ou de sculpture et aux peintres ou aux sculpteurs, il ne paraît pas inutile, en présence de la façon vague dont sont employés, même dans des conventions internationales, les termes *plans* et *dessins d'architecture*, d'essayer de définir l'ensemble et les différentes espèces de dessins d'architecture, dessins parmi lesquels les plans tiennent une place primordiale.

Peut-être arrivera-t-on ainsi à montrer, par le lien intime de toutes les parties de l'œuvre de l'architecte, qu'on ne saurait — comme le proposent certains législateurs — refuser le caractère artistique à telles de ces parties qui n'offrent pas, au premier abord, l'aspect original ou séduisant qui fait accorder ce même caractère artistique à d'autres parties souvent d'une importance plus secondaire.

Les dessins d'architecture comprennent en effet toutes les études tracées graphiquement et lavées ou non, à l'aide desquelles l'architecte représente, sur le papier ou sur toute autre surface lisse, les données principales et complémentaires nécessaires à l'exécution d'un édifice, et on répartit généralement ces études en deux grandes divisions correspondant à ces données principales et complémentaires, divisions qui constituent le *projet* et les *détails*.

I

Le *projet* se compose des *plans*, des *coupes* et des *élévations* destinés à donner une idée générale de l'édifice à construire et à en représenter, dans leurs grandes lignes, les différentes parties, tant intérieures qu'extérieures.

Les *plans* sont des sections horizontales faites à différentes hauteurs de l'édifice et indiquent les pleins et les vides, c'est-à-dire les murs et les autres points d'appui ainsi que les distributions des fondations, des divers étages et du comble.

Quoique les trois parties, plans, coupes et élévations, d'un projet d'édifice soient intimement liées entre elles et se complètent mutuellement, on conçoit, surtout au point de vue du programme et par suite de l'utilisation future de l'édifice, toute l'importance des plans qui servent de base aux élévations et aux coupes et qui, par leurs divisions intérieures, répartissent l'espace couvert entre les divers services qu'il doit abriter.

En un mot, quoique beaucoup de personnes ne voient dans les plans que des jeux de lignes géométriques, dépourvues de caractère artistique, on doit affirmer que les plans constituent l'élément primordial de toute conception architecturale.

Les *coupes* sont les sections verticales faites parallèlement ou perpendiculairement aux murs de face de l'édifice et indiquent les aspects intérieurs des diverses pièces, des fondations, des planchers et du comble.

Les *élévations* sont les projections faites verticalement des faces ou façades extérieures de l'édifice.

Quelquefois on joint aux plans, coupes et élévations composant le projet, une vue perspective destinée à donner l'impression que pourra causer la vue de l'édifice prise d'un point donné.

II

Les *détails* compris dans les dessins d'architecture et tracés le plus souvent au fur et à mesure de la construction et de la décoration de l'édifice à élever se divisent, par cela même, *en détails de construction* et en *détails de décoration* ou *d'ornementation* et, comme la décoration d'un édifice doit procéder de sa construction et tenir compte de la nature et des propriétés des matériaux mis en œuvre, les détails de construction, par l'influence même qu'ils exerceront sur la décoration de l'édifice, tiennent une place des plus importantes dans l'ensemble des détails d'un édifice, place qui ne le cède en rien à celle occupée par les détails de décoration.

Le sens général des mots *décoration, ornementation,* dit assez ce que sont les détails visant cette partie de l'exécution d'un édifice ; mais, de même que, dans un projet d'architecture, il ne faut pas n'attacher de caractère artistique qu'aux dessins des élévations et des coupes à cause des détails d'ornementation qui y figurent, de même il est impossible de ne pas attacher de caractère artistique aux détails de construction dont le tracé limite la place et les saillies réservées aux détails de décoration.

Tout se tient donc, aussi bien dans les détails que dans l'ensemble d'un projet d'architecture, et tous les *dessins d'architecture,* dans leur ensemble et sous leur titre générique, ont donc également un caractère artistique et ont par conséquent droit à la protection due aux œuvres d'art.

Ajoutons que, parfois, un modèle d'ensemble ou des modèles partiels viennent s'ajouter au projet et aux détails graphiques d'un édifice, afin de rendre plus sensibles les reliefs et la coloration de certaines parties et que ces modèles, véritables compléments du projet et des détails, en accentuant encore le caractère artistique, méritent par conséquent la protection que la loi accorderait isolément à chacun d'eux.

Les délégués de la Société centrale des Architectes français et de la Caisse de Défense mutuelle des Architectes,

ACH. HERMANT, HÉRET,
Vice-Président S.C.C.D.M. *Membre du Conseil S.C.C.D.M.*

CH. LUCAS,
Secrétaire C.D.M.

Séance du vendredi, 29 septembre, après-midi

La séance est ouverte à 3 heures, sous la présidence de M. POUILLET.

M. GEORGES HARMAND donne lecture du procès-verbal de la précédente séance, lequel est adopté sans observations.

L'ordre du jour appelle la suite de la discussion sur la proposition de M. Nordau relative à la *propriété des titres.* M. Nordau, rapporteur, est d'ailleurs empêché d'assister à la séance. Mais auparavant, M. le Pré-

sident donne communication d'une lettre adressée de Madrid par
M. V. Balaguer, le grand poète catalan, qui s'excuse de n'avoir pu
prendre part aux travaux du Congrès ainsi qu'il l'aurait désiré.

M. Maillard dit qu'il faut voter sur la proposition de M. Nordau,
certaines législations ne prévoyant pas de propriété littéraire en
matière de titres.

M. Marcel Prévost a demandé l'enregistrement des titres, mais
lorsque le Bureau de Berne fonctionnera, nous aurons un enregistrement parfait. Il n'y a donc pas lieu d'émettre le vœu d'un dépôt spécial
des titres.

Selon M. Pouillet, il n'y a pas que la concurrence déloyale à examiner, et un vote lui semble nécessaire, car dans certains cas la confusion
est très possible.
Il y a certainement des titres originaux; si l'on s'était trompé pour
l'*Automne d'une femme*, du moins certains titres comme les *Mensonges
conventionnels*, de M. Nordau, constituent un titre original.
Il y a donc deux ordres d'idées à examiner : d'une part, la concurrence déloyale ; d'autre part, les titres originaux.

M. Lermina dit qu'il y a en réalité pour les auteurs une gêne dans
l'état actuel de la propriété des titres. Un volume peut avoir disparu,
être sans valeur, et son titre sera protégé ; dans ce cas, il gênera celui
qui pourrait l'utiliser pour une bonne œuvre. Celui qui utiliserait *les
Misérables* pour titre de son œuvre serait d'ailleurs un sot. « Ce que
nous voulons, c'est être protégés contre cette gêne que nous éprouvons
à employer certains titres. »

M. Grenet-Dancourt dit qu'à la Société des auteurs, où l'on répartit
les droits d'auteur entre les intéressés, il serait impossible, avec le
système de M. Lermina, de déterminer cette répartition, car les titres
multiples deviendraient fort gênants; on n'a jamais pu, malgré de
grandes insistances, obtenir l'inscription du nom des auteurs en regard
des titres pour les exécutions en province ou à l'étranger. D'autre part,
il y aura toujours des auteurs complaisants pour les demandes de directeurs de théâtres ou de directeurs de journaux qui seront tentés d'employer les titres déjà employés par des auteurs de talent. L'orateur
demande donc, comme M. Ocampo, que le titre isolé soit protégé aussi
longtemps et de la même façon que l'œuvre même.

M. Pouillet pense qu'il n'y a qu'une chose à empêcher, c'est qu'on
puisse tromper le public au point de le faire aller à une pièce différente
sur la foi d'un titre semblable.

M. Osterrieth admet la concurrence déloyale, mais il ne veut parler
que de la propriété littéraire. Il examine le cas où l'éditeur a changé le
titre sans la volonté de l'auteur, et il conclut que ce point est réglé par

le contrat d'édition. Quant au titre inhérent à l'œuvre, dont il a été parlé, il est plus rare d'en trouver actuellement que dans les œuvres de la littérature ancienne qui s'intitulaient simplement *Gargantua* ou *Don Quichotte*. Il y a donc intérêt à étudier la question plus à fond.

M. POUILLET indique, sur une observation de M. Marcel Prévost, qu'il est inadmissible qu'un romancier puisse, pendant le succès d'un roman intitulé *Jacques*, en publier un second avec le même titre.

M. OCAMPO rappelle un vote du Congrès de Genève de 1886, relatif au titre. A cette époque le Congrès a rejeté l'examen de la question des titres; le titre fait partie de l'œuvre, il ne saurait trop le répéter; en réalité, avec le système que l'on propose, il faudrait aussi protéger le titre de chapitre. Il avoue que parfois c'est le titre que l'on trouve avant l'œuvre et, dans ce cas, celle-ci peut dépendre tout entière de ce seul titre, embryon premier de l'idée de l'auteur.

Il propose donc l'amendement suivant :

« Le Congrès, estimant que le titre d'une œuvre littéraire fait partie de cette œuvre, et est par conséquent protégé comme l'œuvre même, ne croit pas nécessaire d'émettre un vœu spécial à ce sujet. »

M. MARCEL PRÉVOST reprend l'idée de M. Lermina; les auteurs sont gênés par la protection des titres déjà existants. Il demande le rejet en bloc du rapport Nordau, s'associant pleinement à l'opinion de M. Ocampo.

M. MAILLARD insiste sur la nécessité de protéger le titre d'une œuvre contre toute confusion, ce qui n'est pas encore inséré dans la législation allemande, par exemple.

M. POUILLET demande l'ajournement de la question. Il considère qu'elle est très intéressante. Selon lui, dès que le succès consacre un titre, à ce moment le titre le plus banal doit être protégé contre toute confusion.

Les auteurs se plaignent du grand nombre des titres déjà existants et de la difficulté de constater s'ils n'en imitent pas un involontairement. Eh bien ! la question du dépôt des titres demandée par eux peut être examinée également.

L'ajournement mis aux voix est prononcé.

M. OCAMPO a la parole pour une proposition qui n'était pas à l'ordre du jour, qui ne faisait même pas partie du programme, mais qu'il tient à ne pas différer.

Il expose que lorsqu'il présentait à Neuchâtel, en 1891, son premier projet sur un projet de loi en matière de contrat d'édition, d'après lequel a été élaboré le projet actuel, il avait déjà entrevu la nécessité d'ajouter une espèce de corollaire à son système. N'ayant pas une foi absolue dans l'adoption immédiate de son projet par les diverses législations, il concevait la *création de sociétés particulières chargées de servir d'intermédiaires entre les éditeurs et les auteurs pour la perception des droits de ces derniers sur leurs œuvres publiées.*

Il montre combien la création de ces sociétés simplifierait la question du contrat d'édition.

Une tarification générale serait faite une fois pour toutes, ainsi qu'une énumération de toutes les classes et conditions.

Tous les éditeurs et tous les auteurs faisant partie de la société, il n'y aurait pour l'auteur qu'à présenter son manuscrit, pour l'éditeur qu'à l'accepter, pour que toutes les conditions fussent arrêtées sans que les parties aient eu besoin de les discuter.

C'est, à son avis, la suppression de toutes les difficultés, la société pouvant aussi servir de tribunal arbitral, comme le proposent certains membres du Congrès, et recevoir les dépôts des titres, comme le demandent certains autres membres.

La société protégerait ainsi les éditeurs et les auteurs contre toute espèce de dommage et éviterait la plupart des procès de toute nature auxquels les deux parties peuvent être exposées de leur fait ou du fait des tiers.

M. GRENET-DANCOURT pense que cette question ne doit pas être examinée par le Congrès, mais que, toutefois, comme elle est intéressante, elle doit être étudiée par l'Association.

M. POUILLET pense que la question est intéressante et peut être examinée, dès maintenant, pour le prochain Congrès.

M. FERRARI fait observer qu'une société analogue existe déjà en Italie. Tous les auteurs italiens et même les auteurs d'œuvres artistiques, peuvent faire partie de la *Societa degli Autori italiani;* un règlement est applicable à chaque section. L'auteur donne mandat à la Société pour le représenter vis-à-vis des éditeurs et des impresarii en vue des traités à obtenir.

M. OCAMPO répond que telle n'est pas l'organisation qu'il proposera.

M. POUILLET pense, malgré tout, qu'il est utile de charger l'Association d'étudier d'abord le système des différentes sociétés déjà existantes, de voir ensuite s'il y a lieu d'en créer de nouvelles.

Après un rapide échange d'observations, la proposition de M. Ocampo est prise en considération, et plusieurs membres du Congrès, désirant qu'elle fasse l'objet d'une étude spéciale avant qu'elle ne revienne sous forme de vœu définitif devant le Congrès de 1894, M. Ocampo lui donne la forme suivante :

« Le Congrès invite l'Association littéraire et artistique internationale et les associations d'auteurs de chaque pays à rechercher s'il y aurait lieu de recommander l'établissement de sociétés chargées de servir d'intermédiaires entre les éditeurs et les auteurs, pour la perception des droits sur les œuvres

originales, d'après un mode fixe et uniforme, analogue à celui qui est employé par les associations d'auteurs dramatiques actuellement existantes ».

La proposition, mise aux voix, est adoptée.

M. Eisenmann présente un rapport qu'il a fait en collaboration avec M. Darras sur *le mouvement législatif en matière de droits intellectuels chez les peuples de langue espagnole ou portugaise.* Il indique certaines erreurs relatives aux législations mexicaines ou colombiennes, qui sont cause que nous ne connaissons pas bien la législation des pays hispano-américains.

Dans le pays de Costa-Rica, il n'y a qu'un article du code pénal qui traite la question ; cela suffit pour qu'il y ait dans ce pays une propriété artistique organisée. Et, dès lors, il est à souhaiter que tous ces Etats ne fassent, sur la propriété artistique, qu'une loi générale. Une loi spéciale restreint souvent le système de la loi générale ; toutefois certains pays ont une loi spéciale.

Le point important à constater actuellement est le mouvement d'union qui s'est developpé depuis les fêtes de Colon. On a adopté, en principe, l'idée d'une convention des pays hispano-américains, de la même nature que celle de l'union de Berne.

M. Osterrieth pense, comme M. Eisenmann, qu'il serait bon d'inviter ces Etats à se joindre à la convention de Berne, en dehors de l'extension qu'ils pourraient donner à leur convention particulière.

M. Eisenmann formule ainsi son vœu :

« *Le Congrès émet le vœu que le gouvernement fédéral suisse, organe officiel de l'union pour la protection des œuvres littéraires et artistiques, fasse les démarches nécessaires pour obtenir l'adhésion au traité d'union des pays de langue espagnole ou portugaise qui sont restés jusqu'à ce jour en dehors de l'union de Berne.* »

Ce vœu est adopté.

M. Osterrieth dépose sur le Bureau son rapport formant commentaire de son « Projet de loi allemand sur les droits d'auteur ».

La question n'étant pas sur le programme du Congrès, l'étude de ce projet est renvoyée à la commission d'études de l'Association.

La séance est levée à 4 heures 40.

Séance du samedi, 30 septembre, matin.

La séance est ouverte à 8 heures et demie, sous la présidence de M. Pouillet.

M. G. Harmand donne lecture du procès-verbal de la précédente séance, lequel est adopté après quelques observations dont il sera tenu compte.

M. Rubio y Ors, « le Restaurateur de la littérature catalane », est appelé au bureau par M. le Président.

M. Jean Lobel présente le rapport qu'il a dressé en collaboration avec MM. Vaunois et Layus, sur la *propriété artistique en matière de portrait*, et se résumant par les vœux suivants :

1° L'aliénation d'une œuvre d'art n'entraîne pas par elle-même l'aliénation du droit de reproduction, même quand il s'agit d'un portrait.

2° Néanmoins, en cas de commande, l'artiste ne peut exercer son droit qu'avec le consentement de la personne représentée. A défaut de la personne représentée, le droit de celle-ci passe aux ascendants et descendants jusqu'au second degré.

3° Les compositions d'histoire ou d'actualité contenant des portraits ne sont subordonnées à aucune autorisation.

Il rend compte en peu de mots des travaux de la commission de Paris et, le rapport de M. Vaunois ayant été distribué aux membres du Congrès, en énonce les diverses parties.

M. Davanne pense qu'il y a lieu d'examiner deux questions : 1° A qui appartient le premier moyen de production d'une œuvre artistique, soit le moule en sculpture, le cliché en photographie, la planche gravée ou la lithographie en peinture et gravure, le poinçon de la matrice s'il s'agit de médailles. Il estime que le type (ainsi doit, selon lui, s'appeler le moyen de reproduction de l'œuvre) doit appartenir à celui qui l'a produit. — 2° Quand il y a convention expresse, la convention s'applique ; mais, à défaut de convention, il faut tirer la solution des circonstances de fait. Pour les portraits de personnages illustres amenés chez un photographe, par exemple, il faut admettre que le cliché est à la personne représentée.

Sur une observation de M. Pouillet, M. Davanne reconnaît que, si la personne représentée demande qu'on lui remette des exemplaires de la photographie et ne paie pas ces épreuves, le cliché appartient par compensation au photographe.

M. Ocampo combat le deuxième vœu du projet Vaunois. La commission de Paris était partagée, rapporte-t-il, en deux parties égales. M. Lobel se rangeait d'un parti opposé à celui que soutenait M. Ocampo. Il rappelle que M. Vaunois voulait émettre un autre vœu qui distinguait suivant qu'il y avait ou non commande. M. Ocampo énumère les raisons de l'autre moitié de la commission et ajoute que le vœu selon lui doit être ainsi rédigé : Maintien du paragraphe 1° en ajoutant : « Mais l'artiste ne peut exercer son droit qu'avec le consentement de la personne représentée ».

M. Lobel déclare qu'il se rallierait, quant à lui, à un système qui supprimerait les deux derniers paragraphes.

M. Lermina demande aussi la suppression des deux derniers paragraphes. La personne a toujours le droit de protester contre un portrait fait sans son consentement.

Il ne faut pas réglementer les détails : un principe général de la réserve des droits d'auteur suffit dans la question actuelle ; il semble n'y avoir qu'une exception possible, celle du portrait commandé.

M. Pouillet fait observer que nous voulons surtout, par l'énonciation du principe général du premier vœu, faire un effort pour ramener la jurisprudence française au système généralement admis dans les législations européennes.

La restriction en matière de portrait doit être énoncée en dehors du premier vœu. « Il est fait exception pour le portrait; mais, en cas de portrait commandé, la reproduction ne peut être exercée qu'avec le consentement de la personne représentée. »

Il est impossible d'ailleurs de réglementer la dévolution du droit de la personne représentée.

M. Harmand propose de réserver le droit de reproduction au consentement de la personne qui a commandé le portrait, si elle a payé le portrait d'une tierce personne qui consent à être représentée.

M. Maillard demande le rejet de la 3º proposition. Il est très intéressant de connaître la réglementation du droit de l'artiste de faire le portrait d'un tiers : cela se rattache à la propriété des noms patronymiques. Si la représentation ressemble à quelqu'un qui n'a pas posé devant l'artiste, est-ce que ce quelqu'un a le droit de se plaindre ?

M. Davrigny propose un amendement. Il estime que le premier vœu doit être rédigé comme il l'a déjà été à Milan l'année dernière, et qu'on doit y ajouter, comme le propose M. Ocampo :

« En cas de portrait, l'artiste ne peut exercer son droit de reproduire qu'avec le consentement de la personne représentée ». Il voudrait, pour lui, qu'on y ajoutât encore ces mots : « Le détenteur de l'œuvre ne pourra faire reproduire qu'avec le consentement de l'artiste. »

M. Harmand propose de joindre à la personne représentée les tiers intéressés ; cela comprendrait le père de l'enfant mineur dont on voudrait faire le portrait sans autorisation.

M. Pouillet propose la reproduction du vœu voté à Milan. Le premier vœu, ainsi rédigé, est adopté.

La deuxième partie du vœu, telle qu'elle est proposée par M. Davrigny, est mise aux voix.

M. Lermina propose de restreindre le vœu aux droits de la personne représentée, sans indiquer les héritiers.

M. Ocampo demande la suppression du paragraphe relatif au tiers détenteur.

M. Maillard indique que, dans la commission, on avait admis que l'artiste, en cas de portrait ou étude fait d'après un tiers qui y consentait, avait le droit de reproduire sans l'autorisation de la personne représentée.

M. le Président donne lecture des vœux proposés par MM. Ocampo et Davrigny :

L'aliénation d'une œuvre d'art n'entraîne pas par elle-même l'aliénation du droit de reproduction.

Lorsqu'il s'agit d'un portrait, l'artiste ne peut exercer son droit qu'avec le consentement de la personne représentée.

Ces textes sont adoptés.

La question posée par M. Davanne relativement aux types de reproduction, est mise à l'ordre du jour du prochain congrès.

L'examen du rapport de M. Maillard sur la propriété de noms individuels est renvoyé au prochain congrès.

M. le Président lit une lettre de l'Administration communale de la ville d'Anvers, invitant l'Association littéraire et artistique internationale à tenir son prochain Congrès à Anvers, pendant la durée de l'Exposition qui aura lieu dans cette ville en 1894.

M. Pouillet souhaite par conséquent que le prochain Congrès se tienne à Anvers, et l'Assemblée adopte cet avis.

M. Rubio y Ors propose de fixer une séance pour l'examen de la littérature catalane.

M. Poggio propose de faire cette conférence au début de la séance de clôture ; en raison de la préparation de cette séance de clôture, la proposition de M. Poggio est acceptée, et la séance solennelle est fixée à 10 heures.

La séance est levée à 9 heures et demie.

Séance solennelle de clôture du samedi 30 septembre 1893.

La séance est ouverte à 10 heures et demie, sous la présidence de M. Manuel Henrich, Maire de Barcelone.

M. Duran y Ventosa représente la Députation Provinciale ; M. Pouillet, les congressistes étrangers.

Le bureau reçoit une lettre de M. Victor Souchon, que des affaires urgentes rappellent à Paris, et qui ne peut, à son grand regret, assister à la séance de clôture, pour apporter au Congrès l'adieu fraternel des auteurs lyriques belges.

Outre tous les membres étrangers du Congrès, assistaient encore à la séance : MM. Morano, Eusébio Corominas, Torralba, Marquis de Olivar, Antonio Torrents y Monner, Salvador Poggio, Odon de Buen, Lope Orriols, Raventos, Badia y Andreu, Callen, Madorell, Coroleu, Vidal y Valenciano, Coria, Caballé, Simancas, Sandinmenje, Alfonso Parès, Rahola Miralles, alcade de Sarria, Calvell, le Maître Rubio y Ors et un grand nombre de notabilités de la ville de Barcelone.

M. Poggio a la parole pour son étude sur la littérature catalane, tandis que les membres du Congrès reçoivent une esquisse historique sur la Renaissance littéraire de la Catalogne, imprimée par les soins de l'*Aveng*, Revue Catalane de Barcelone.

M. Poggio, prenant son étude dès le début, s'étend sur d'intéressantes considérations avant d'aborder l'examen de son sujet.

Malheureusement, l'heure s'avançant, M. Pouillet se voit, à son grand regret, obligé de demander à M. Poggio qu'il veuille bien renoncer à la parole.

M. Poggio se soumet, tout en regrettant que la parole lui soit retirée.

M. Rubio y Ors remercie le Congrès d'avoir fait à la littérature catalane une place d'honneur, et ajoute qu'il attend de la restauration des Jeux Floraux les meilleurs résultats.

M. Pouillet prononce ensuite le discours ci-dessous :

Nos travaux sont finis, et dans quelques heures le moment du départ aura sonné.

Nous quitterons Barcelone pour nous disperser à travers le monde et rentrer chacun dans nos foyers. Le Congrès de Barcelone ne sera plus qu'un souvenir. Produira-t-il tous les résultats que nous en attendons ? Obtiendrons-nous des diverses législations un nouvel avantage pour les auteurs ? Parviendrons-nous à faire disparaître certaines imperfections que ces lois comportent et qui ont été signalées au Congrès ? Je l'espère, mais qu'importe ! Notre œuvre n'est pas de celles qui s'improvisent et s'achèvent en un jour : nous travaillons pour l'humanité, et l'humanité peut être patiente parce qu'elle est éternelle. Nous ne sommes pas hommes à nous décourager.

Il est dans tous les cas un résultat que nous aurons obtenu : nous laisserons derrière nous à Barcelone des amis dont nous emporterons le souvenir dans nos cœurs et qui, de leur côté, se souviendront de nous. Ils n'oublieront pas non plus notre œuvre ; ils y travailleront à leur tour. La semence est tombée en bonne terre : elle germera et portera ses fruits.

Comment pourrions-nous vous oublier ? Vous avez tous rivalisé d'efforts pour embellir notre séjour à Barcelone, et si j'avais un reproche à vous faire, c'est d'avoir tellement multiplié les distractions et les plaisirs, que parfois ils empiétaient sur nos travaux !

Comment pourrions-nous oublier Barcelone ? Ne nous est-elle pas apparue avec une majesté que nous ne lui soupçonnions pas ? Certes nous pensions bien que c'était une grande et belle ville, digne d'être appelée par les chroniqueurs la plus noble cité de l'Espagne, la cité fameuse ! Mais sa grandeur, sa beauté, son charme, ont dépassé notre attente. En voyant l'importance de son commerce, de son industrie, le mouvement incessant de la foule dans ses rues sans limites ; en voyant ses places, ses promenades, son parc, sa rambla magique, les restes de cette exposition universelle qui fut une merveille, comment ne pas croire que c'est une capitale?.

Et c'est une capitale en effet : la capitale de cette fière et libre Catalogne qui dans tous les temps a su se faire admirer, respecter, craindre et par-dessus tout aimer.

M. l'Alcade rappelait l'autre jour le temps déjà lointain où l'empire de Charles-Quint était si grand que le soleil ne s'y couchait pas. Grandeur éphémère que celle qui vient de la conquête, qui dépend du sort d'une bataille, qui est le prix du sang répandu ! L'Écriture n'a-t-elle pas dit : « Ce qui vient par l'épée périra par l'épée? » La vraie grandeur d'un peuple réside dans son travail, dans son activité, dans son génie, dans l'influence qu'il exerce autour de lui. Un peuple est véritablement grand quand il l'est par son commerce et son industrie, par ses actes, par sa littérature.

Cette grandeur-là, votre Catalogne bien-aimée la possède. Le commerce, l'industrie de Barcelone, grandissent de jour en jour et, du haut de son monument, Christophe Colomb, le bras étendu vers l'espace, lui montre de nouveaux horizons.

Les arts sont ici florissants, et si je jette un regard sur la liste des artistes espagnols qui exposent à Paris, je remarque que la plupart sont des artistes catalans.

Quant à la littérature, vous possédez des maîtres dont les œuvres sont traduites dans toutes les langues, et portent ainsi leur renommée par delà les monts. J'avais jusqu'ici le regret de n'avoir pu saluer, au milieu de nous, pendant ce Congrès, quelques-uns de ces écrivains admirables, de ces poètes enchanteurs, triomphateurs des jeux floraux, maîtres en gai savoir, qui sont la gloire de la Catalogne. Mais aujourd'hui la présence du vénéré Rubio y Ors, de celui qui fut l'un des restaurateurs de la littérature catalane, efface jusqu'au souvenir de ce regret. Je suis tout fier, avant de quitter la Catalogne, de lui serrer la main et de lui adresser publiquement, au nom de l'Association littéraire et artistique internationale, l'expression de notre respectueuse sympathie. Aussi bien, pour rendre hommage à la vitalité et aux mâles vertus de la race catalane, ne suffit-il pas de rappeler le proverbe castillan :

Los catalanes
de las piedras sacan panes.

Faire du pain avec des pierres ! faire quelque chose de rien, cela ne résume-t-il pas d'un mot le génie fécond de votre race? Oui, vous êtes en toute chose des artistes, c'est-à-dire des créateurs, et à ce titre un exemple vivant pour ceux qui, comme nous, viennent vous visiter.

J'ai fini. Quant nous serons partis, pensez quelquefois à nous : pensez surtout à notre œuvre, toute de conciliation et de paix; travaillez pour elle. Songez que nos Congrès, qui se renouvellent chaque année, réunissent des hommes de toutes nationalités, c'est-à-dire opposés entièrement par leurs habitudes, par leur langage et par leurs mœurs, et cependant toujours l'accord finit par se faire entre eux. C'est qu'au-dessus des nations, au-dessus des races, il y a comme une patrie commune, à laquelle appartiennent tous les hommes de bonne foi : la patrie de l'intelligence, la patrie de l'idée. C'est pour elle que nous combattons, c'est à elle que nous demandons de couronner nos efforts.

Recevez tous, Messieurs, nos remerciements et nos adieux.

M. Casanova dépose sur le Bureau une étude qui sera conservée et consultée par la Commission d'études de l'Association.

M. Coroleu parle au nom de l'Association des Publicistes de Barcelone : il dit que, de la visite des congressistes étrangers, les publicistes catalans garderont un impérissable souvenir, et il assure ces congressistes de tous les efforts que la Presse de Barcelone fera toujours pour se mettre d'accord avec leurs vœux, afin qu'il en sorte la concorde générale.

M. Carreada, au nom de l'Armée, salue le Congrès.

M. de Huertas, au nom de la Société des Ecrivains et Artistes de Madrid, espère que les Congressistes emporteront un bon souvenir dans leurs pays de leur séjour à Barcelone, et pourront y proclamer que l'Espagne est une nation qui est en plein rajeunissement.

M. G. Diercks, au nom de l'Allemagne, M. P. Wauwermans au nom de la Belgique, remercient Barcelone de sa généreuse hospitalité.

M. Chaumat, au nom du Ministre de la Justice de la République française, prononce l'allocution suivante :

MESSIEURS,

Les travaux du Congrès qui vient de prendre fin auront fait faire un grand pas de plus à l'œuvre généreuse entreprise par l'Association littéraire et artistique internationale, et qui est poursuivie avec tant de dévouement et d'éclat par les hommes éminents qui dirigent en ce moment les destinées de l'Association.

L'importance des résolutions votées cette semaine, les unes pour la première fois, les autres réitérées avec la plus louable persévérance, ne peut, en effet, échapper à personne, et l'honneur de ces votes revient tout d'abord aux divers orateurs qui ont pris part aux discussions du Congrès, avec tant de talent, de compétence et d'autorité.

Mais, Messieurs, les idées les plus justes et les plus généreuses ne peuvent souvent faire leur chemin dans le monde que lorsque leur affirmation, est encouragée et soutenue par une élite d'hommes distingués, qui viennent leur apporter le concours de leur appui moral.

Cette élite, Messieurs, c'est vous qui l'avez formée à Barcelone et c'est à votre bienveillant patronage, à votre affectueux encouragement que devront être attribués, dans une large mesure, les heureux résultats que ce Congrès pourra produire dans l'avenir.

Je vous en remercie tous, Messieurs, au nom du Ministre de la République française que j'ai l'honneur de représenter, et mes remerciements s'adressent en particulier à M. l'Alcade de Barcelone, à M. le Gouverneur civil de la Province, à votre illustre Capitaine Général, à M. le Président de la Députation provinciale, à M. le Recteur de l'Université, à l'Association des Publicistes de Barcelone.

Monsieur l'Alcade, vous avez bien voulu nous assurer, dans votre éloquent et chaleureux discours de dimanche dernier, que nous étions accueillis par vous comme des frères ; laissez-moi vous dire, à mon tour, que nous avons répondu à ce sentiment fraternel avec tout notre cœur, et, pour ma part, je n'oublierai jamais l'heureuse semaine du Congrès de Barcelone.

M. F. Desjardin, au nom du Ministre de l'Instruction publique et des Beaux-Arts de la République française, remercie en termes chaleureux l'Espagne de l'hospitalité qu'elle a accordée au Congrès ; il croit devoir ajouter un témoignage de gratitude envers M. Pouillet, pour le zèle et la hauteur de vues avec lesquels il a conduit les travaux de l'Assemblée.

M. Marcel Prévost, au nom de la Société des Gens de Lettres, prononce les mots suivants :

Messieurs,

La Société des Gens de Lettres et son délégué vous adressent leurs adieux.

L'œuvre du Congrès, pour la présente année, est close : chacun des ouvriers modestes qui y travaillèrent ici, va regagner son foyer. Puisse, Messieurs, notre œuvre impersonnelle et désintéressée féconder la terre où elle fut accomplie. Ah ! puissions-nous avoir animé, échauffé parmi vous cette passion de l'art, cette ferveur littéraire qui sont les vôtres, et sans lesquelles les plus grandes et les plus prospères cités ne sont que de vains amas de pierre, les ruches stériles d'abeilles qui ne feront point de miel... Car entre les œuvres que l'effort humain réalise, une seule est immortelle, ne l'oublions pas, l'œuvre d'art, insoucieuse des vicissitudes politiques, indifférente à l'injure du temps. Que reste-t-il des civilisations de l'Asie Mineure antique, sinon les poèmes des Homérides ? Et la gloire de l'Italie et de la grande Grèce n'est-elle pas mieux évoquée par ses historiens et par ses poètes que par les ruines de Rome et de Syracuse ?... Il semble que l'âme humaine, éparse dans les grandes choses, s'exhale et se fixe dans cette petite chose immortelle : un livre.

Vous l'avez compris, Messieurs: Tandis que votre capitale se réédifiait à l'égale des plus splendides, vous avez préparé et accompli la résurrection d'une littérature nationale ; vous l'avez ravivée aux sources de la pensée populaire, de la langue populaire, et voici que la terre des troubadours fleurit d'une arrière-saison prestigieuse, étonnant l'Europe par sa fécondité inépuisée.

Dès lors, Messieurs, bâtissez des palais et des usines, creusez des ports, mâtez des navires : tout cela sera immortel, parce qu'à côté de tout cela, vos poètes fixeront pour l'immortalité l'effort de vos mains ; parce que vos historiens vous garderont, si je puis ainsi dire, une vie permanente, au delà de la vie.

Messieurs, avant de nous séparer, la Société des Gens de Lettres de Paris salue ses frères de Barcelone : je souhaite la prospérité, je souhaite la gloire aux lettres catalanes.

M. GRENET-DANCOURT, au nom de la Société des Auteurs, Compositeurs et Editeurs de musique, prononce l'allocution ci-desssous :

MESDAMES,
MESSIEURS,

Voici — trop tôt venue — l'heure de la séparation, l'heure mélancolique toujours de l'adieu.

Avant de vous quitter, permettez-nous de vous exprimer les sentiments de gratitude dont notre cœur déborde, de vous remercier chaleureusement de l'accueil si parfaitement cordial que vous nous avez fait. Votre Barcelone est bien belle, Messieurs, mais votre empressement, votre affabilité, votre bonne grâce l'ont à nos yeux faite plus belle encore, si belle qu'elle occupera désormais la première place dans nos souvenirs, si belle qu'après l'avoir vue et admirée, un désir désormais nous hantera toujours, celui de la revoir et de l'admirer encore. Au nom de la Société des Auteurs, Compositeurs et Éditeurs de musique, que j'ai l'honneur de représenter ici, je vous remercie, Messieurs, et je forme des vœux pour la grandeur de votre noble et généreux pays, pour la prospérité de cette admirable Barcelone que nous quittons avec tant de regrets, et, une dernière fois, j'adresse aux auteurs et compositeurs espagnols un salut fraternel.

M. LUCIEN LAYUS, au nom du Cercle de la Librairie française, adresse tous ses remerciements au Maire de Barcelone, à l'imprimeur éminent qui a renouvelé l'art du livre en Catalogne, et aussi à la Presse de Barcelone, si remarquablement dirigée.

M. DAVANNE, au nom de la Société française de Photographie, adresse les mêmes remerciements aux autorités de Barcelone.

M. FERRARI, au nom de la Société italienne des Auteurs, prononce quelques paroles dans le même sens.

Puis M. HENRICH, Maire de Barcelone, remercie à son tour ses hôtes étrangers pour les paroles affectueuses qu'ils ont adressées aux Catalans : il espère qu'ils emporteront de leur séjour dans la seconde capitale de l'Espagne le plus durable des souvenirs.

La séance est levée à midi.

Fêtes et Réceptions

L'accueil fait aux congressistes a été des plus chaleureux. Sans entrer dans le détail des réunions où de nombreux toasts resserraient les liens de sympathie qui se formaient spontanément entre Catalans et étrangers, nous rappellerons succinctement l'ordre dans lequel elles se sont produites.

Samedi soir, 23 *septembre*. — Réunion à l' « Ateneo Barcelones », sérénade aux flambeaux donnée sur la Rambla par la musique militaire.

Dimanche matin, 24. — Revue générale des troupes par le Maréchal Martinez Campos (1). — Le soir, réception à l' « Ateneo Barcelones ».

Lundi soir, 25. — Représentation d'opéra au Teatro Tivoli.

Mardi soir, 26. — Représention au Teatro Principal.

Mercredi 27, à une heure. — Banquet offert, au Palais des Beaux-Arts, par l'Association des Publicistes de Barcelone.

Jeudi 28. — Excursion à Vallvidrera, par Sarria. Banquet à Vallvidrera, visite de la villa de l'alcade de Sarria.
Le soir, représenttaion au Teatro de Novedades.

Vendredi 29. — Déjeuner offert par les congressistes étrangers aux autorités et à la Presse de Barcelone.
Le soir, représentation catalane au Teatro Catala.

Samedi 30. — Banquet dans la salle de Cientos, à l'Ayuntamiento.
Soirée d'adieux offerte par la municipalité.

ANNEXE
Résolutions du Congrès de Barcelone classées par ordre méthodique

I

INTERPRÉTATION DE L'ARTICLE 2 DE LA CONVENTION DE BERNE

Le Congrès est d'avis que l'article 2 de la Convention de Berne doit être entendu en ce sens que la jouissance des droits assurés dans chaque pays de l'Union aux auteurs unionistes n'est subordonnée qu'à l'accomplissement des conditions et formalités prescrites par la législation du pays d'origine de l'œuvre.

II

DROIT DE TRADUCTION

La traduction n'est qu'un mode de reproduction ; le droit exclusif de reproduction, qui constitue la propriété littéraire, comprend nécessairement le droit exclusif de traduction.

---

(1) Troublée malheureusement par un attentat à la dynamite dirigé contre la personne du Maréchal ; on a vu que le Maréchal avait d'ailleurs pu assister, quelque temps après, à la séance d'inauguration.

En tout cas, le délai accordé à l'auteur pour jouir du droit exclusif de traduction et fixé par la Convention de Berne (art. 5) à dix ans, doit être porté à vingt ans.

Il est d'ailleurs à désirer que les auteurs ressortissant à l'un des États de l'Union soient admis à jouir, dans tous les autres pays de l'Union, du droit exclusif de traduction pendant toute la durée de leur droit sur l'original, s'ils ont fait usage de ce droit dans un délai de vingt ans.

III

DURÉE DE LA PROPRIÉTÉ

1° Uniformité

Le Congrès émet le vœu que la durée du droit de propriété en matière d'œuvres intellectuelles soit uniforme dans tous les pays.

2° Terme

Il émet le vœu que cette durée soit du terme fixe de cent ans à dater de la première publication de l'œuvre.

IV

ENREGISTREMENT ET RÉPERTOIRE

Enregistrement

1. Il est à désirer que les États de l'Union imposent à tous les auteurs ou éditeurs le dépôt obligatoire d'un exemplaire de l'œuvre publiée, cette condition restant indépendante de la reconnaissance du droit de l'auteur sur son œuvre.

2. Toutefois, il est désirable que, le plus tôt possible, le Bureau de Berne soit mis à même par les différents États de l'Union de publier un extrait des enregistrements effectués dans chacun d'eux.

Répertoire

Il est à désirer que la prochaine Conférence diplomatique de l'Union de Berne insère dans le Protocole de clôture de la Convention de Berne l'obligation, pour le Gouvernement des pays de l'Union, de constituer chez chacun d'eux le répertoire alphabétique de toutes les œuvres publiées ou représentées dans leurs États respectifs depuis la promulgation de la Convention.

V

ŒUVRES D'ART

Portraits

L'aliénation d'une œuvre d'art n'entraîne pas, par elle-même, l'aliénation du droit de reproduction.

Lorsqu'il s'agit d'un portrait, l'artiste ne peut exercer son droit qu'avec le consentement de la personne représentée.

VI

ŒUVRES D'ARCHITECTURE

1° *Propriété des dessins*

L'architecte est propriétaire des dessins d'architecture tracés par lui pour les œuvres qu'il a conçues.

Pour les œuvres qu'il a conçues et dont il n'est pas appelé à surveiller l'exécution, il doit remettre au propriétaire une expédition seulement de ses dessins.

2° *Enregistrement*

Le Congrès émet le vœu que l'enregistrement prescrit pour les œuvres littéraires et artistiques s'applique également aux œuvres d'architecture, les plans devant être déposés par l'architecte au Bureau chargé de cet enregistrement.

VII

ADHÉSION A LA CONVENTION

Le Congrès émet le vœu que le Gouvernement fédéral suisse, organe officiel de l'Union pour la protection des œuvres littéraires et artistiques, fasse les démarches nécessaires pour obtenir l'adhésion au traité d'union des pays de langue espagnole ou portugaise qui sont restés jusqu'à ce jour en dehors de l'Union de Berne.

VIII

CONTRAT D'ÉDITION

1° *Projet de loi*

Le Congrès émet le vœu que les modifications proposées par lui au projet de loi en matière de contrat d'édition présenté par l'Association littéraire et artistique internationale fassent l'objet d'une discussion ultérieure et que le texte de ce projet soit soumis, après avoir été amendé, au Congrès de 1894.

2° *Création de sociétés particulières*

Le Congrès invite l'Association littéraire et artistique internationale et les associations d'auteurs de chaque pays à rechercher s'il y aurait lieu de recommander l'établissement de sociétés chargées de servir d'intermédiaires entre les éditeurs et les auteurs pour la perception des droits sur les œuvres originales d'après un mode fixe et uniforme analogue à celui qui est employé par les associations d'auteurs dramatiques actuellement existantes.

IX

LOIS FRANÇAISES

Le Congrès, s'inspirant de la résolution votée par le Congrès de Milan de 1892, a la confiance que le gouvernement français, toujours soucieux de protéger la propriété littéraire et artistique, s'opposera à la prise en considération par le Parlement de toute loi qui aurait pour but de porter une atteinte quelconque au droit absolu de l'auteur sur son œuvre.

X

LOIS AUTRICHIENNES

Le Congrès émet le vœu que le Gouvernement autrichien, lorsqu'il discutera au sein du Parlement le projet de loi destiné à remplacer la patente impériale du 19 octobre 1846, assimile, pour la durée de protection des œuvres intellectuelles, les œuvres musicales aux œuvres littéraires, en portant cette durée à trente ans après la mort de l'auteur.

Tours, imp. E. Arrault et Cie, 6, rue de la Préfecture.

www.ingramcontent.com/pod-product-compliance
Lightning Source LLC
Chambersburg PA
CBHW072109090426
42739CB00012B/2893